社会的成熟を育む仲間作りと支援

ひきこもり、自由に生きる

宮西照夫 著
Miyanishi Teruo

tomi shobo
遠見書房

はじめに

本書は、私の「ひきこもり」をテーマとした著作の第三作目にあたる。

第一作目『ひきこもりと大学生』は、ひきこもる子どもを抱えるご家族や本人に向けて、第二作目『実践ひきこもり回復支援プログラム』は、ひきこもり支援の実践や枠組みをまとめたもので、治療者やサポートする方を意識して書いた。

私はこれまで大学で三〇年間、病院で九年間、そして、病院での仕事と並行してひきこもり研究所ヴィダ・リブレで五年間、研究所がＮＰＯになってからさらに二年、ひきこもり回復支援と長期化を防止する取り組みを実践してきた。しかし、残念ながらひきこもりの長期化は進む一方で、現在、いわゆる八〇五〇問題が生じ、中高年のひきこもりを抱える家庭で不幸な事件が続き社会問題となっている。

今回の第三作目は、中高年のひきこもりの支援のありかたとその大きな原因であるひきこもりの長期化をいかにして防止できるかをテーマにまとめたものだ。

第一章「何故、日本の若者はひきこもるのか」では、ひきこもり問題の原点にもどり、日本社会でひきこもりを生じた社会病理を考えていく。第二章「ひきこもりの長期化」では、ひきこもりの長期化の過程とその対応の仕方を記したその上で、社会問題化している中高年のひきこもりの課題を具体的な事例を提示しながら論じた。第三章「ひきこもり回復支援の楽しさ」では、私たちが実施しているひきこもり回復支援プログラムの概要と、それをスタートさせるために不可欠なひきこもり者との出会いの重要性やアウトリーチの醍醐味とともに、私がひきこもりの長期化をもたらした最大の原因と考える、初期段階における専門家によるひきこもりの背景に存在する病態の診断について、その重要性と診断別によるサポートの流れを述べた。何故なら、社会的ひきこもりの言葉が社会現象となった当初、あまりにも精神医学モデルでの説明が軽視されすぎたように感じたからだ。第四章「集団精神療法と対話の重要性」では、ひきこもる若者たちの社会的成熟を育むための集団精神療法と専門ショートケアやアミーゴの会での対話の重要性とそこに集まる強烈な個性の愛すべき仲間たちについて書いた。第五章「NPO成立まで」では、社会参加を前にして、治療者と患者、カウンセラーとクライエント、そして、スタッフと利用者などの立場を超えたNPOヴィダ・リブレ（〝自由な生き方〟）を組織するまでの仲間たちの交流を描いた。

私は講演会でひきこもる若者を、恐ろしい蛇に睨まれ暗い穴に逃げ込み身動きができなくなった「か弱いウサギ」に例えて話す。蛇の邪悪な眼差しは、若者に恐怖を与える「学校社会」に代表される「社会」を象徴する。穴に逃げ込んだ心優しいウサギは、ひきこもる若者である。一時、私たちは穴に強引に手を突っ込み、怯えるウサギの首根っこを掴まえ引きずり出そうとする野蛮な集団だと非難されたことがあった。決してそうではない。私たちはその穴に、学校社会に代表される社会に脅威を感じた別のウサギを一匹、さらにもう一匹と入れてあげることを目的とした。そして、一匹ではなく、二匹、三匹が力を合わせて、逃げ込んだのとは違った方向に道を掘り進んでいけばよいと考えている。

このウサギはよくトリックスターとしてアフリカやアメリカの先住民の世界に登場する。ウサギは、現実社会の秩序を破壊し、新たな社会を創造する「死」と「再生」の象徴である。現代社会で普通に生きることに疑問を感じた若者たちが、「ひきこもる」ことで現在の普通とされる生き方に抵抗し、私のような老人の目には異文化と映る新たな文化を創りだそうとしている。「社会」が普通とする方向ではなく、違った方向に道を作る。そこには、新たな「社会」や「文化」を創造する可能性が秘められている。

大学で精神医学や文化人類学を教える研究者として、病院で臨床精神科医として、そして、さらにそのどちらからも距離を置いての、ひきこもり研究所とＮＰＯヴィダ・リブレでのひきこもり経験者との交流は、結果として社会的ひきこもりは精神医学モデルだけでは説明やアプローチができないことを私に再認識させた。

本書は、その反省を込めてひきこもる若者たち、生き方を異にするが素晴らしい仲間たちとともに歩んだ三九年間について書いたものだ。

＊尚、事例は、特定の個人が同定できないように細部に変化を加えて記した。

目次

第五章 NPO成立まで

ひきこもり、自由に生きる

社会的成熟を育む仲間作りと支援

第一章

何故、日本の若者はひきこもるのか

1　ひきこもりに寛大な文化の終焉

家にこもって物思いにふけったり、静かに編み物やお花の練習などの花嫁修業をする人は大人しい人であり、日本では美徳として考えてられてきた。戦後それが大きく変化してゆく。

私は戦後すぐに生まれた団塊の世代だ。敗戦によりそれまでのお国のために働くといった価値観は崩れた。崩壊した社会を建て直し、経済成長を遂げるために働く時代が訪れた。そのために家庭を犠牲にして会社のために働くことが求められ、モーレツ社員の時代が登場してくる。

私たちの親たちは家庭を犠牲にして、豊かな生活を得るために身を粉にして働いた。その後ろ姿を見て育ったのが私たち昭和二〇年代に生まれた世代だ。

小学校時代に肉を食べられる機会は年に数回であった。給食の肉ご飯の日が来るのを楽しみにしていた。大好きなカレーにも肉の姿はなく、揚げを入れたカレーだった。

二〇一二年にひきこもり専門ショートケアを病院で立ち上げたとき、「ＳＳＴ」のメニューに男の料理教室を入れた。何故、男の料理教室かというと、ひきこもりは男性が圧倒的に多いからだ。各種の調査で約七割は男性であると結果が出ている。私の元を訪れる若者に限ると残念ながら九割近くが男性だ。彼らに向かって男性が多い原因は、ショートケアに参加している男たちに魅力がないからだと言うと、彼らは私が老人だからだと反論する。それはさておき、最初の男の料理教室では思い出の揚げ入りカレーを作ることにした。さて懐かしい味を楽しもうとして口に入れると、揚げカレーではない。入っていたのは鶏肉だった。どうしたと訊くと、「先生の言う揚げカレーはまずくて食べられません。僕たちで鶏肉を買ってきて入れました」との返事だ。彼らに懐かしの揚げカレーの味は分からないと諦めた。

ショートケアでは毎日テーマを決め、一時間半かけて意見を述べ合う。そのテーマに「老後の生き方」を取り上げたことがあった。

当時、もうすぐ七〇歳を迎える年齢だった私は、老後どうしたらいいのかと参加者に訊いてみた。

「先生はこれまで勝手なことをしてきたから、子どもさんは誰も面倒を見てくれないでしょう。老人ホームを探しておいたほうがいい」

と、ご親切にインターネットで施設を探してくれた。

ギャンブル付きの施設がいいか、女子大生のボランティアが多くいる施設がいいかの二択になった。私は両方がいいと言うと「欲ボケ」だと言われてしまった。

話を戻そう。男性にひきこもりが多い。その理由は、戦前から根強く続いている男性中心社会、儒教文化の影響を強く残す社会、男性が中心となり家族や一族の連帯を築いていくことを重視する社会におけるプレ

表1　社会背景と精神病理

年齢(2020年)	出来事	社会背景	学校	家庭状況	精神病理・精神的課題
～90歳					
89歳(1931年生)～70歳(1950年生)	1945：敗戦 1946：日本国憲法発布	国家主義(規範)	1947：教育基本法発令	家父長制(大家族制) 戦後第一次ベビーブーム	
69歳(1951年生)～50歳(1970年生) 【アパシー世代】	1960：安保闘争 1964：東京オリンピック 1968：全共闘	高度成長・所得倍増計画 生産第一主義 工業化の進展 日本的雇用慣行・モーレツ社員 ヒッピー・薬物乱用・フリーセックス	高校進学率50%超え	核家族化 教育ママ 父権の喪失	無気力・しらけ 青年期の延長 幼児型成熟
49歳(1971年生)～30歳(1990年生) 【ひきこもり世代】	1973：オイルショック 1979：共通一次試験開始 1980：ニューメディア元年 1983：任天堂ファミコン発売	低成長 一億総中流 男女雇用機会均等法施行 女性の雇用者の増加・パートタイマーの増加 バブル景気	高校進学率90%超え 受験戦争・学力至上主義 落ちこぼれ 校内暴力 登校拒否 戸塚ヨットスクール事件	第二次ベビーブーム 共働き世帯増加	強迫性・被害者意識
29歳(1991年生)～10歳(2010年生) 【アスペルガー世代】	1995：地下鉄サリン事件 1995：阪神淡路大震災 1998：自殺者年間3万人超え 1999：日銀ゼロ金利政策 2008：リーマンショック	バブル崩壊・経済不況・就職氷河期 リストラ・非正規雇用の拡大 成果主義の導入 経済のサービス化の進展 IT革命・インターネット・携帯電話の普及 自己責任論 ブラック企業	ゆとり教育 学校週5日制 いじめ・不登校 大学の大衆化	少子高齢化の進行 非婚化・晩婚化 地域のつながりの低下 伝統的価値の崩壊	発達障害の増加 生の人間関係がわずらわしい
9歳(2011年生)～0歳	2011：東日本大震災	バーチャル・コミュニティーの時代		人口減少	

ッシャーにあると私は考えている。

戦後の混乱期が終わると、私の中学校時代にはすき焼きが食卓に並ぶようになり、公民館で見ていたテレビを自宅で見ることができるようになった。

一九六〇年には安保闘争、ヒッピー、薬物乱用、フリーセックス、所得倍増計画などの言葉が登場し、高度成長の時代へと突入する。一九六四年にはオリンピック景気、一九六八年には全共闘の言葉が社会現象となった。

そして、私たちが大学生となった時、私たちを襲ったのは自分の時間、家庭を犠牲にして会社のために働く親たち世代への疑問と物質的豊かさを追い求める虚しさであった。大学紛争が生じた。その時はまだ若者にエネルギーがあった。

2　スチューデント・アパシーの登場

高度成長期前期には中卒就職者が「金の卵」として引っ張りだこだった。私が通っていた地方の中学では、半数の卒業生が集団就職列車と呼ばれた臨時列車で、大阪や東京に出てゆく時代が一九五四年から一九七五年まで続いた。一九五〇年代前半には高校進学率がまだ五割以下だった。

一九七〇年からの二〇年は、それまでの高度成長期が陰りを見せ、七三年のオイルショックを機に高度成長期から低成長期に入る。七九年には共通一次試験が開始している。そして、家庭では洗濯機、電気掃除機、そして、冷蔵庫などの電気製品が普及し、家事に余裕ができたが、まだ女性の社会的進出が十分でなく、会社に夫を奪われた妻たちがエネルギーを子どもに向け始めた。一九七四年には高校進学が九〇％を超え、受験戦争・落ちこぼれ、教育ママなどの言葉が流行し、学力至上主義の時代へと突入する。その結果、塾や私学への進学にお金が注がれ始めた核家族化が進行し、父親の影が薄くなってゆく。こうした背景から、本業（学業、仕事）からの選択的撤退や競争の回避を特徴とするスチューデント・アパシーが登場してきた。スチューデント・アパシーとは、学生（主に大学生）が学生の社会的役割を選択的に回避し、無気力、無感動となる症状をいう。学業や進路選択に対して無関心となるものの、それ以外の遊び・恋愛・バイトなどには関心を示し、活動的であることも多い。米国の精神科医であるウォルターズ（Walters, P.）が初めてこの概念を提唱した。

バイクでシルクロード踏破・仲間との悲しい別れ

勲（仮名）は、北海道の大学希望だったが、不本意ながら和歌山大学に入ってきた。浪人をしていたこともあって、これ以上両親に経済的に迷惑をかけられないといろんなアルバイトをしていた。動物園の飼育員、備長炭焼きなどなどである。何をしてもよくできるので、どのアルバイト先でも喜ばれていた。学費を稼ぐ目的の他に、勉学に力が入らなかったのでいろんな経験をして人生の目的を探そうとしていた。その彼が、私が顧問をしていたラテンアメリカ研究会に入ってきた。クラブの活動に熱心でリーダーシップもあった。その頃、南米から学生の親が和歌山県出身の日系人である県費留学生を迎え入れていたので、私は交流も兼ねスペイン語会話教室を開催していた。ある時、会に参加していた彼が南米に行ってきますと言い出した。一人で二か月ほど行ってくるというのでお金は大丈夫かと訊くと、彼らしく友人の留学生にペルーやブラジルの家族と連絡を取ってもらって、家に泊めてもらえるように頼んでいる。みな大喜びをしてくれているそうです、とのことだった。さすがに手回しがいい。そして、元気な顔で帰ってきた。会でグアテマラへ遠征した時も、単独行動をしていた彼はメキシコでハリケーンに遭って、私たちと合流予定のグアテマラには来ることができなかったが、一人無事に旅をして帰ってきた。大阪で開催した、「何故、日本の若者はひきこもるのか」と題した国際シンポジウム（和歌山大学・朝日新聞社共催、二〇一〇）でも、自分探しを続ける大学生活をそつなく語ってくれた。留学生と合同でのキャンプでは学生をうまくまとめ、私にはなくてはならない相談相手になっていた。備長炭焼きのアルバイトで顔や手を煤で真っ黒にした彼が、しばらく旅行に行ってきますと入ってきた。

「今度も南米」と訊くと、

「一番行きたかったシルクロードです。バイクで行ってきます」

と明るく出て行った。

その彼から、三か月くらいしてから電話が入った。

「今、関空です。助けてください。コレラにかかりました」

と彼になく弱気であるので、病院を手配して再度彼を呼び出した。

「どこから帰ってきた」

「パキスタンです。そこでひどい下痢で動けず帰ってきました」

「日本に菌を持ち込まずパキスタンで治療をして、旅行を続ければよかったのに」

と冗談で言うと、

「そんなことを言わないでください。今回はまいりました」

彼は伝染病の専門病院に入院し、すぐに回復した。

しかし、さすがに海外旅行に懲りたようで授業に通い始めた。国内の旅行先で再会した、浪人時代の彼女を呼び寄せると生活も安定して羨ましい大学生活を送っていた。私は妻と彼らカップルを連れて食事にも行った。卒業間近になった時、彼が表情を変えて入ってきた。

「先生、医大の外科の先生を知っていますか」

「どうかしたのか」

「腹痛が続いていたので、近くの内科で検査をしたらすぐに和医大の外科に入院するように勧められました……、がんだそうです」

彼はすでに紹介状を持っていたので、すぐに医大に行かせた。

その後、医大に行くと主治医に会ってくれと頼まれた。

もちろん主治医によろしくとお願いしておくつもりだったが、もう一つお願いがあるとのことだった。

「彼女には病状をある程度伝えてもらったのですが、主治医は両親に今後の治療方針の相談をしたいと言うので困っています。大学の事で心配をかけてばかりだったし、これ以上親に心配をかけられません」

主治医は私のよく知る後輩だった。手術できるかどうかは今後の検査結果次第だが、どうしても家族の許可が必要だということで、最初、彼女を彼の妻と勘違いして検査を続け説明もしてきたがこれ以上は問題となるとのことだった。

主治医に、私が両親と連絡を取り迷惑をかけないようにすることを約束し、初めて彼の家に電話した。

ご両親はもちろんすぐに駆けつけてくれた。全国紙で取り上げられた国際シンポジウムの記事を見て喜んでいましたと私に感謝の言葉を伝えると、すぐに主治医に会った。

ご両親は郷里で治療したいと言ったが、彼はそれを頑として受け入れなかった。彼女と和歌山で治療を続けたいと言い続けた。ご両親も諦め、検査結果が出て、抗がん剤による治療をまず開始することに決まると、何かあれば電話をお願いしますと私に言い残し東京に帰られた。

手術は不可能で抗がん剤による保存療法以外に今は方法がないと伝えられた。彼は彼女との入籍を進めた。今後の治療のことを考えたからだ。ある程度病状が落ちついた時点で東京の国立がんセンターでセカンドオピニオンを求めるため短期入院をした。その時も両親に会わなかったようだった。

そして、医大を退院して学校に通い始めた時、

「京都のある病院に行ってきました。そこの先生は絶対がんを取ってやると言ってくれているので手術を受けようと思うのですが……」

名前を聞くと「神の手をもつ外科医」と週刊誌やＴＶで騒がれた外科医だった。私は医大やがんセンターでの検査結果を知っていたので反対した。しかし、数日後、イチかバチかかけてみたいのですと言い残し京都の病院に入院した。

帰ってきた時は歩くこともままならない姿であった。

私は入院を勧め、大学に通える近くの病院を手配した。入院しながら体調のいい時に私たち仲間に会いに来た。その足も、すぐに止まった。私が病院を訪ねるとご両親がベットサイドで悲しげに佇んでいた。

「東京に連れて帰ります。結婚した彼女も一緒にと思っています」

そして、ご両親や彼女に見守られて息を引き取った。

何故、手術をやめろと強く言えなかったのか、今でも悔いの残る判断だった。

失敗――悲しい思い出

誠一（仮名）は、センスの良い好青年だった。彼とは大学で外部のひきこもり相談を受け入れ始めた頃に知り合った。彼は中学時代に不登校になり、その後、長くひきこもっていた。コミュニケーションスキルもあり、彼の能力からして彼の希望であった大学進学は容易に思えた。彼もご両親も大学進学を希望していた。

予想に反することなく、彼は簡単に大検（現在は高校卒業程度認定試験）を取り、いよいよ大学進学を考えることとなった。この時、彼は失敗を恐れなかなか入学試験が受けられなかった。そこで、前もって大学を一緒に見学し、教員の一人を紹介し、なんとか受験にこぎつけることができた。入試や入学後の成績はトップクラスで、次年度の大学のパンフレットの表紙を飾ることとなった。すべては順調に思えた。正月には彼を私の自宅に呼び、娘たちと初詣に行くなど家族ぐるみの付き合いを始めていた。四回生に進学すると、大学生活が忙しくなり彼と会う機会が徐々に少なくなっていった。むしろそのことを、大学生活が楽しくなったのだと私は喜んでいた。彼は成績もよく、教員の支援もあったので安心しきっていた。ゼミが開始した時、彼は一度目の自殺を図った。病室に駆け付けると、

「ご心配をおかけして申し訳ありません、もう二度と無茶はしませんから」

と、笑顔で約束してくれた。

ゼミの先生の評価も高く、少々学校を休んでも、卒業は心配ないとの連絡が入り、彼も大学を続けることを望んだ。

その彼が、卒業を目前にして死を選んだ。彼がどれだけ無理をしていたか、苦しんでいたのか気づけなかった。今の私であれば、『卒業はまだ早い、まだまだだ』、『大学なんか、いつ辞めてもいい』と、暴言を吐き、彼の卒業を留めていたと思う。社会に参加するにはまだ彼のこころの準備が不十分だった。私は、彼の知的能力を過大評価しすぎ、対人スキルや社会適応能力の判断を間違ってしまった。

ひきこもり回復支援で、一番難しいのは彼らを大学や社会に出発させるときの後押しの時機だ。七〇歳を過ぎても判断に迷い、弱気になって悩むことがよくある。そんな時、自宅の二階の窓から少し雲がかかった無限に広がる空を眺めていると、必ず二人の顔が浮かんでくる。

その頃、大学でひきこもり相談を行っていて、電話番号を教えることや家族ぐるみで付き合うことを行っていた。ＮＰＯを設立してからのアミーゴたちとの関係も大学と変わらない。これまで、治療者と患者の関係を超えていると、同僚の精神科医から批判を受けてきた。私は、もちろん病院では、治療者と患者の関係を保つ必要があると考えている。私は、大学やＮＰＯでの利用者や仲間を患者とは考えていない。アミーゴと考えるようにしている。ただ、距離の取り方が外来以上に難しく、慎重さを求められる。あまりにも距離が近くなると判断を間違えかねない。

大学一三回生

大学生活が一〇年、一三年と長くなる者がいた。そんなに長く大学に在籍できるのかとよく訊かれる。普通、四年制の大学だと八年間は在籍できる。さらに休学は在籍年数に勘定されない。といっても、特別な事情がない場合、休学が認められるのは一年間だ。ただし病気による休学はさらに配慮される。よくご家族から、子どもが三、四年間休学してひきこもっていて授業料やマンション代が大変です、残りの在籍期間も短くなり卒業できるか心配です、いつ辞めさせたらいいですかと訊かれる。ひきこもっている大学生にはお金のことを考える余裕などない。ご両親も休学による授業料免除のことを知らない方も多い。国立大学では休学期間中は授業料が免除される。最近では多くの私立大学でも免除、あるいは数万円程度に減額する大学も多くなった。そのことを知らずに毎年ひきこもって大学に行かないわが子のために大金を浪費している親が多い。私はすぐに大学を辞めさせるのでなく休学を勧める。親は経済的負担から、そして、子どもは大学に行かなければという精神的負担から一時解放されるからだ。

その制度をよく知る学生も出てくる。そして、在籍一〇年以上となる者もある。普通は一、二年留年すると親が飛んでくるのだが、ある学生の親から在籍一〇年目になって初めて電話が入った。

「息子はどうしたら大学を卒業できますか」

と訊くのだ。

彼はアルバイトもせず、酒を飲み、恋をし、本を読む理想的な大学生活を謳歌していた。

「仕送りを切ったら卒業できます」

と私が答えると、

「そうですか、すぐに仕送りを停止します」

と応じた。

もちろんこんなことをしては学生を追い詰めるだけだ。ここで、やっとご両親と相談を開始できる。最初の一年は授業料と生活できる最低限の金額にすること、翌年は授業料だけにして生活費はアルバイトさせること、その金額をご両親で相談して決めること、そして、きっちりと家庭の経済状態を伝えることが重要だ。

この学生には、

「先生、余計なことを両親に言って」

と叱られた。

「二〇年も学生生活を謳歌できて羨ましい、私も経済的余裕があればそうしたかった」

とだけ返した。この学生は、その後、順調に単位をそろえ卒業していった。

最近では、一度退学しても、五年間は再度入試を受けなくても再入学を許可する大学も多くなった。大学もここ一〇年で大きく変わってきた。ただこういった制度をまだ多くの親たちは知らないのも事実だ。

経済的な支援をどこまでできるかは、親が責任をもって考えることである。ご両親で方針を立て、きっちりと子どもたちに伝えてほしい。そうすれば、彼らは奨学金をもらうこと、アルバイトすることを考える、そして、休学や退学の時機を自からの意思で見極めていく。それを日頃から考えさせる努力が必要だ。

「学生さんだから」と許容された若者

実は私もこのアパシー学生の一人だった。医学部を希望していなかったことは拙著『一精神科医の異文化圏漂流記』（文芸社、二〇一九）で詳しく書いたが、医学部に入学すると昼夜を問わず小説を読みふけるようになり、芸術家気取りで初めて買った油絵の道具を肩に、一人であちこちを彷徨した。その時に出会ったのが、『チャタレー夫人の恋人』を書いたD・H・ローレンスの短編集の一冊だ。彼は数年間メキシコに滞在し、数冊の小説を書き上げた。私はその一冊に魅せられ、マヤの地へと夢を膨らませていった。この頃、大学には私だけでなく自己確立に悪戦苦闘する学生が多くいた。酒を酌みかわし哲学論議を徹夜で交わし、人生を、日本の将来を熱く語ったものだ。麻雀で徹夜する学生も多かった。それで大学の授業を休み、下宿で一人時間を無駄に過ごすことも多かった。それが許された。「学生さんだから」、と大目に見てくれる最後の時代だった。しかし、その時代も変わる。私が大学三年次に入った時、大学紛争が起こった。大学は封鎖され、連日徹夜で学生大会が開かれ、夜は学生大会の成り行きを見守り大学の近くの公園で過ごし、翌朝、下宿に戻って昼は寝る生活が続いた。現在のゲームに打ち込む若者が昼夜逆転するのと同じ生活パターンだった。私は一軒家の離れを借り、同級生と二人で下宿していたが、不良学生のレッテルを張られ追い出されてしまった。その後、ひきこもりを許容する社会は失われてゆく。自己確立に悩み苦悩し、下宿にこもり自分と向かい合う学生は「大学をさぼる不良学生」、「怠け者」と見なされるようになっていった。

社会が認める休息制度

二〇一六年に、私は妻とタイ王国を初めて訪れた。その時、日本の近代化が正しかったのかと再考させられることが多かった。

第一は、高速スカイ・トレインに私たちが乗るたびに、すぐに席を譲ってくれたことだ。日本ではありえないことだ。大学通勤時、バスで疲れて三〇分以上吊革につかまっていても、六〇歳を過ぎた私に誰一人席を譲ってくれる学生はなかった。二つ目は、通勤客で混雑するそのスカイ・トレインでさえ、国王の演説が始まると電車が止まった。切符を買おうとすると、係員が急にしばらくお待ちくださいと立ち上がり、直立不動の姿勢で動かなくなった。国王の国民へのメッセージが流れ始めたのだ。

タイは有名な仏教国で、一時僧となる制度(注1)がまだ残されている。この一時僧を経験して初めて一人前と見なされる。会社員、商売人、大学の教員、すべての国民は一時僧になる決心をした時に、家族はもちろんのこと、会社もその決心を歓迎してくれる。この、一時的な出家は価値の高い徳を積む行い「タンブン」であり、また、息子を出家させることは女性にとっては最高のタンブンと見做されているからだ。熱心な仏教徒の方には不謹慎と叱られるかもしれないが、私から見れば、家族や会社、社会全体が無条件に認めてくれる一時的な「休息制度」である。事実、仕事や研究に悩んで身動きできなくなった時に、この制度を利用する人が多いと言われている。お寺にこもり経を唱え、毎朝托鉢に出かける以外は、自分と向かい合って過ごす。そして、一時僧の期間が終わると、同じ職場に戻ることはもちろんのこと、新たに勉強を始めることも歓迎される。

現在の日本では、残念だが近代化とともに、それまでの社会に存在していた心身の癒しを促す、伝統的な社会が認める休息制度を失ってしまった。その一例が、産後の社会的休息制度である。かつて産後の女性は「ケガレ」ている、と言われ、一か月間は台所で火に触れることが禁じられていた。私たちが小さい頃、穢れた手で火に触れると荒神さんが怒ると教えられた。荒神さんとは火の神様で、私が育った家の台所にも荒神さんが祀られていた。それで、産後の女性は一か月間炊事仕事から離れた。さらに、一年間、産後の女性は秋の収穫祭にも参加してはいけないと言われていた。

私たち家族が、病に倒れた私の母親の介護のために実家に戻っていたときに、妻が次男を出産したが、その時、病床にいた明治生まれの教師であった母が、

「お宮に参ったらいけないというけど、お正月にお宮にお詣りなさい、ただ、一応鳥居だけはくぐらず、鳥居の横から入りなさい」

と、きっぱりと言った。

この「ケガレ」の言葉自体、現在用いられているような忌まわしく思われる不浄な状態の意味での穢れではない。ケは日本人の主食である稲などを育てるエネルギーを意味し、本来「ケガレ」は、「ケ」が枯れる、つまり生物を育てる源となるエネルギーが枯渇した状態を意味し、産後の心身の回復のために、火に触れることを禁じ、無条件に部屋にこもり休息する制度が確立されていたと私は考えている。

ただ、この「ケガレ」の意味にはさまざまな考え方がある。桜井徳太郎（一九六九）は日常生活を営むためのケのエネルギーが枯渇するのが「ケガレ」であり、「ケガレ」は「ハレ」の祭事を通じて回復するとする。一方、波平恵美子（一九八四）は従来の「ケガレ（褻・枯れ）」であり、「ケガレ」は「ハレ」の祭事を通じて回の「清め・祓い・贖い」の儀式の重要性を主張する。そして、宮田登（一九七八）は、ケは気＝霊的生命力であり、ケガレ（気枯れ）にはもともと不浄観は伴っていなかったとしている。

私の調査地のマヤ社会では、産後の女性は「冷たい病」にかかりやすい。それで、女性の守護神イシュムカネの力を借り、体を熱くする必要があると考えられている。産後数か月間、女性は体を冷たくする家事や野良仕事、そしてセックスなどを禁止される。その期間中、産婆コマドロナが、最初は三日置き、次第に間隔をあけて伝統的な蒸し風呂ツゥフで神に祈りながら薬草を炊き、女性のマッサージを続ける。また、家族に体を熱くする材料を用いた食べ物を用意させる（植物も、「熱い」と「冷たい」植物に二分される。青野菜は冷たい植物だ）。

一時的休息制度を認める社会では、ひきこもり者に寛大でプレッシャーを与えず、回復を容易にする。

討論会

はっぱ祭りでの激論
――「道草や」の若者たちの現代医療への反発

年に一度七月の台風シーズンに、「道草や」の若者たちが「はっぱ祭り」なるものを開催していた。まず「道草や」のことを紹介しておこう。私が暮らす町内に元祖アメリカ村がある。アメリカ村と呼ばれる地区は、海岸が山に迫った農地の少ない漁村で、アメリカやカナダに多くの移民を輩出した。この地域も例にもれず高齢化が進み、住人がいなくなった家屋や放置された田畑がたくさんある。その古民家の一軒を借りて一組の家族が「道草や」なる喫茶レストランと民宿を開いた。現在流行している洒落た古民家喫茶ではなく、自分たちで海に流れ着いた枯れ木などで飾り付け、ペンキを塗り民芸品を飾った代物だった。

私は、「道草や」という名前に惹かれた。さらにそのレストランの主がメキシコに三、四年住んでいたという噂を聞いて妻と駆けつけた。経営者である夫婦は腰巻をつけ東南アジア風のいで立ち、頭髪は一本のひもで一括りにしていた。そして、夏場でもあったので子どもが裸で走り回っていた。日本では少々異様な光景だった。彼はメキシコのチアパス州サン・クリストーバル・デ・ラス・カサス市にある、日本人が経営するペンションで、アルバイトをして暮らした経験があった。彼が住んでいた頃には、メキシコ南部のグアテマラに近いサン・クリストーバル市に十数組の日本人が住んでいたという。彼らが語るサン・クリストーバルは、私がマヤ人が住むラカンドンの森に入る拠点としていた当時とはかなり変わっていたが懐かしかった。話が弾んだ。この彼のもとに、中米を中心に長期に海外に滞在した若者たちが集まり、農家を借り、またある者は集めてきた木で枠組みを組み、ビニールシートを張った二階建ての掘っ立て小屋で共同生活していた。そして、地元のお年寄りに米や野菜作りを教わりほぼ自給自足の生活をしていた。現金収入は年に数回あるミカンや梅の収穫時のバイトだけだった。彼らは数年間日本でサラリーマン生活をしたあと、日本での生活に失望し旅に出た脱サラ組だった。そして、長期間メキシコなどで暮らした後日本に戻ってきたのだ。もちろん日本社会はそんな彼らを受け入れないし、彼らも元のようなサラリーマン生活を望んでいなかった。私は彼らを「外ひきこもり」と呼ぶようになった。アメリカ村で暮らす若者たちの共通点は、現代社会にどっぷり入れないことと音楽好きということだった。そして、彼らは年一度はっぱ祭りと称する野外音楽祭を、放置されたキャンプ場の草を刈り、水道を引いて開催していた。この日には民芸品やエスニック料理の露店がたくさん出た。日本各地から海外生活の長かった音楽好きの若者が集まってきたのだ。ある日、私がメキシコの女呪術師マリア・サビナを知っているというと、彼らは目の色を変えた。それで、星空とローソクの灯に囲まれマリア・サビナを語ったことがあった。

　そして、このはっぱ祭りに連動して一泊二日の「メンタルサポーター養成研修会」（第三章参照）を実施することになった。第一回目は彼らとともにテントを張ったが、波の音が怖い、眠れないなどの苦情が出て、第二回から「プチ家出の家」で宿泊することにした。

　五〇名上の若者が集まっての、第一回目の私たちのメインイベントが青空討論会「野生派対ひきこもり派」だった。この野生派の名称が不評で「社会に背を向けて生きる若者対ひきこもる若者」に途中で変えた。第一回目のテーマは、「自由に生きる」だった。

　この討論会で、道草やのグループの一人が日本の医療を激しく批判した。後で、ひきこもり経験がある若者たちが、「喧嘩になったのか」とびっくりしたと語った。

　「道草や」の仲間は自然分娩を理想としていた。「道草や」夫婦もサン・クリストーバルで、マヤの産婆さんコマドロナの手で二人の子どもを取り上げてもらっていた。自然分娩を唱える彼らの一人が現代医療の批判を始めたのだ。子どもは自然に生まれてくるものだ、家族の協力で家庭で産むべきである、まして日本で行われている薬で分娩の日時を早めたり調節したりすることなどもってのほかであると声高に主張した。その彼も自分の手で三人の子どもを無事に取り上げ自然分娩の普及を訴えていた。彼らは西欧医学を学んできたものをすべて同じ人種と考えていたので、それに答えて私は、医者もバカではないと主張し、私の伝統的社会的休息制度の持論を展開し応じた。

私の妻は長女を生むときは二週間入院した。ところが次女、長男と入院期間が短くなり、一〇歳ほど違う次男を生むときは三日で退院させられた。いずれも正常分娩だった。何故、これほど入院させてもらえる日数が少なくなったのかは、衆知のとおり米国の産婦人科学会の見解に日本も従ったからだ。学会によれば、お産の後、早く運動すればするほど産後のホルモンバランスの回復が早く、崩れた体形が元に戻りやすいという。米国は特に美容の観点から、産後の女性の体の線の乱れの早期回復を重んじた。私はこの米国の見解に最初から反対だった。

まず私は、古くから日本に伝わる「産後の肥立ちは一〇〇日まで」という教えを話した。もちろんこんな諺を若者は知らない。さらに日本各地にかつて存在した前述した産後のこもり部屋について話した。

「産後の女性は穢れているので、かつて日本ではしばらくの間火に触れることをタブーとされていた。私の街では、子どもを産んだ女性は今でも一年間は神社の門をくぐってはいけないとされている……」

ここまで話すと、彼らが顔色を変え、女性蔑視の考えだと猛烈な批判の声を挙げたが、私はそれを制し話し続けた。

「お産で女性は出血する。それで穢れた手で火に触れると荒神さんが怒り災いをもたらす。それで産後の女性は一か月間台所に立つことを許されず、一か月間、離れにこもり、食事が運ばれ、家事をすることを禁止された。この離れのことを『こもり部屋』と呼んでいた」

まだ彼らは納得しない。

「産後の肥立ち、つまり産後は体力が衰えている。その回復に日本では一〇〇日必要と考えた。それで家事から解放され、食事が用意され休息のためにこもることを求められた」

まだ穢れの言葉に納得がいかない。そこで私が知識を披露した。

「ケガレは語源的に、ケ・ガレ、ケが枯れた状態を意味する。ケとは稲などの生育力を意味する。産後の女性は体のエネルギーが衰えているので三食付きでこもって体力の回復が必要だと考えられていた」

さらに火に触れると荒神さんの怒りをかうという信仰は、うるさいお婆ちゃんを黙らせる。お婆ちゃんも神さんには勝てない。神様を登場させた日本に古くから存在した産後の休息制度だと伝えた。

ここまで言うとうるさい彼らも反論を収めた。

さらに追い打ちをかけた。

「日本を含め欧米では近年、産後のうつ病が増加している。米国の産婦人科学会が主張するように産後のホルモンバランスの回復は早く動けば動くほど良いことが科学的に実証された。また美容的見地からも体形の崩れの戻りも早く夫を喜ばせることは確かだが、産後うつ病は増加した。産後は体だけでなく心の休息が必要なのだ」

すると、彼らは自分たちの主張と同じだと言い始めた。

私たちは西欧科学を妄信した結果、犠牲にしてきたものも沢山あった。ただ荒神さんは、私の家でも、私の代になって台所から消えた。荒神さん、火の神さんが、うるさい姑を黙らせる力はなくなった。神話が生きているマヤ伝統社会では、まだこのような休息制度が残っていた。しかし、英国をはじめ西欧医学を実践する社会においても、こころの休息も考慮した産後の社会的休息制度の重要性が見直され、保健活動の枠組みの中で取り入れるようになっている。

大自然の中での討論、台風が去り青空が姿を見せ始めた。ローソクの火が揺れ、歩いて数分先に広がる太平洋の波の音が快さに変わった。

3　ひきこもり世代の登場

コンピューター未亡人

八〇年代に入るとファミコンやパソコンが普及し始め、ニューメディア元年と呼ばれた。この頃はパソコンはまだ会社での事務仕事での使用が中心だった。海外を旅する機会が多くなると、私は欧米の若者と討論する機会が増えた。特に、フランスの若者から皮肉を込めて、日本人は働き蟻、会社人間だと非難されることが多かった。自分を犠牲にして働けば、日本の高度成長など当然のことだというのだ。しかし、その頃社会的価値観は日本でも大きく変わりつつあった。労働の能率化や集約化が叫ばれ、これまで悪のように思いこまれていた余暇の有効利用が声高に公言され始めた。しかし、堂々と有休をとり、家族サービスでレクレーションに出かけるなどは、現在においてもまだまだ取りづらいのが現状だ。

会社では次第にコンピューターへの過剰適応が問題となり始めた。まず米国でシリコンバレーで、シリコンバレー症候群(注2)、コンピューター未亡人が話題となった。コンピューター産業の象徴となったシリコンバレーで、妻たちのアルコールや薬物依存が社会問題となった。先端技術に過剰なまでに打ち込むようになった夫たちが米国版の働き蟻になってしまったのだ。その結果、コンピューターに夫を奪われコンピューター未亡人と呼ばれるようになった女性が、日本よりも身近なコカインなどの薬物に溺れていった。この現象は米国に続いて日本でも高度成長期から低成長期に移行する過程で生じてきた。家庭での夫の不在、さらに仕事で疲れ果て無力感を漂わせる夫、つまり家庭でのそんな夫への女性の欲求不満が原因となり生じたのが、戦後に増加し一九八四年頃にピークを迎える中年女性が主役となる第二次麻薬流行だ。そしてまた、そんな女性たちの情熱は、前述したように子どもたちの教育に向けられた。また、この頃から、子どもたちの不登校や社会的ひきこもりが生じてきた。社会への女性進出がまだ言葉だけで実質を伴わない時代である。

社会的ひきこもりは文化結合症候群か、それとも世界の若者のこころの病理か

二〇〇二年に和歌山大学ひきこもり回復支援プログラムを完成して以来、私は国際精神医学会でひきこもりについて発表するようになった。日本のひきこもりはまだその頃認知されておらず、統合失調症の自閉でないかとの質問がよく出た。その後、日本での社会的ひきこもりに対する関心が急速に高まり、米国やヨーロッパの研究者が大学を訪問してくることが増えた。私は、スペインのサラゴッサ大学との共同研究を開始し、韓国の大学の精神科の方とのシンポジウムも何回か実現した。特に、韓国では日本より少し遅れて二〇〇〇年代に入り社会的ひきこもりが急増し、日本と同じく社会問題化したからだ。

日本と韓国の共通点は、急激な競争社会化、特に高学歴化だった。日本では、大学進学率は、一九五〇年代には約一割だったが、高校進学率と同様一九七〇年代半ばまで急増し、一九七六年には三八・六％という第一のピークに達した。そして二〇〇九年に五〇％を超えたが、韓国では八〇％を超えるまでになっている。韓国の研究家の方と、社会的ひきこもりの原因の一つは子どもに勉強部屋が完備できたことかなと笑いながら話したが、あながち冗談ともいえない。

その後、国際学会で社会的ひきこもりは、HIKIKOMORIと書くだけで通じるようになり、二〇一〇年にオックスフォード英語辞書でも新たにHIKIKOMORIが収録された。そして、今、ひきこもりは世界的な問題となりつつある。

当初、私は社会的ひきこもりを、日本における文化結合症候群であり、社会不安障害の日本型亜型と考えていた。日本と韓国では共通点が多いが、日本の場合、ひきこもった若者が孤独感を癒すためにネット依存に陥るのに対し、韓国ではネット依存からひきこもりに陥るケースが多い。少し病態が異なると考えたからだ。そのうちにひきこもり現象が世界各地で報告されるようになってきた。

それでは何故、日本ばかりでなく世界各地で、ひきこもりが若者だけではなく中高年においても増加し問題化し始めたのかを考える必要性に迫られた。何か共通点が見いだせると思えた。

まず日本でのひきこもり増加の基盤について考えてみよう。

すでに述べたように、第一の要因は、日本文化のひきこもりに対する許容性や親和性が高いことが挙げられる。日本ではひきこもり者が生きやすい社会的環境が整っていたといえる。日本では元来、「ひきこもり」状態は、思いに耽る、大人しい、つまり、日本人の美徳、非異常性と考えられていた。それを裏付ける精神科領域での調査として、米国と日本での精神病への態度調査がある。その調査で、自閉を主症状とした統合失調症事例を精神病と判定したパーセントを見ると、レレカウらによる一九六〇年のボルチモアでの調査では七八％、寺嶋らによる一九六三年の大阪で調査では三五・七％、そして、宮西による一九八三年の和歌山での調査では二九％と、米国に比べ日本では自閉症状、ひきこもった状態を病気とみなさない傾向が顕著に高い。

第二の要因は、ひきこもり世代の若者はまれにみる過度な競争社会で少年期を過ごし、友達を作り遊ぶことによって人間関係や社会的スキルを形成する時間を奪われ、社会的に未成熟なまま思春期や青年期に達した若者であることだ。ひきこもり者は、日本固有の受験文化による「学歴が社会的成功と幸福をもたらす」

という硬直化した価値観が優位な社会で育ち、悩み苦しみ続けてきたか、あるいは、そんな社会から脱落した若者に多い。いわゆる「ひきこもる」ことによって困難な社会状況から家庭内に身を隠した結果と考えられる。その家庭がひきこもりを可能とする安全な空間ではだんだんとなくなっていった。

第三の要因として、日本に根強く続いていた精神障害に対するスティグマの存在がある。精神病のレッテルを嫌った家族や本人が、ひきこもりのカテゴリー内に身を置くことを望んだのではないかと考えている。平成三〇年のひきこもり調査（内閣府、二〇一九）によると、関係機関に相談したことのあるひきこもり者の相談先は五二・二％が病院・診療所となっているが、現在でも病院の受診を嫌いひきこもり相談窓口を訪れる人はまだ多い。そのことが、精神科医のひきこもりに対する関与や理解を遅らせる結果を生じたと考えている。

このように、初期にはひきこもりが個人の病理というよりも、社会的な病理として捉えられる傾向があった。しかし、経済成長による個室の完備やコミュニケーション革命による携帯電話、インターネットの普及は、インダイレクトなコミュニケーションを可能とする社会を生み、ひきこもりの遷延化をもたらす結果となった。そして、長期化が進み、家庭内暴力などの問題行為が目立つようになると、次第にひきこもりは人格や個人の異常性に起因するとみなされるようになった。美徳でなく、ひきこもって何もしないことを家族は「恥」と考え、周囲は「怠け者」とみなすようになり、そして、現在では異常である、病気であるとみなされる傾向が強くなった。ひきこもり者は安全な居場所を確実に失いつつある。

それでは、日本に続いてひきこもりが増加する韓国との共通点を考えてみよう。既述した高度経済成長と高学歴社会や受験文化がまず挙げられる。このほかに、男性の社会的プレッシャーが強いこと、家父長的家族制度、そして、島国で国土が狭いといった地理的環境が、高学歴が人生の成功と幸せを約束するといった集団的幻想を抱きやすくしていると考えられる。

一方、家にひきこもれない西欧諸国の若者は路上生活者となり、反社会的行動で苦悩を表現することが多いとこれまで言われてきた。ところが、近年これらの国々でもひきこもりの増加が報告されるようになっている。

これからの調査が待たれるが、私は、現代社会に共通する過度の競争社会、高学歴社会、そして、子どもが大きくなっても保護する、家族の過剰な子どもの抱え込みと、ひきこもる者の母親への依存傾向の高い社会に生じた、現代文化依存的なこころの病理現象であることにまちがいないと考えている。

そもそも病気は個人の問題だが、その背景に必ず社会的ひずみが存在する。文化社会的背景を考えることなくしてこころの病は考えられないことを、マヤ文化圏での文化結合症候群（注3）「ススト」などの調査で痛感させられた。

ひきこもる若者はコンピューター時代の申し子であり、テクノストレス症候群の結果出現する「はい／いいえ」「正解／不正解」式のやり取りや思考を好む、「YES」「NO」思考パターンに一見違和感を持っていないようにみて取れる。しかし、マヤ人が空白を恐怖し壁面を幾何学模様で埋めようとしたように、日本の若者も「間」、「曖昧さ」に恐怖を感じている。七〇年以降浸透した「学校化（注4）」は、学歴信仰へのこだわりを生み、学校化を信じ大人になれない若者を不安に陥れた。そのことが、「学校文化」への恐怖を形成した。それ故に、多数派から離脱し孤立した者は、自分が劣っていると思い込み周囲からのエンパワーメントも得られず、エネルギーが枯渇していく。そうなるともう一人では状況を打開できなくなる。

私たちが実施している、ひきこもり専門ショートケアのように、学校化と距離をおく仲間の存在を知り、漠然と学校と一体化することが正しいと考えていたことを自覚し、仲間とともに変わる場が必要となる。私はこのショートケアやアミーゴの会を成長共同体と言っている。いわゆる現在社会でひきこもり者が失いつつある安全な居場所の創設だ。旧来の価値観から脱し新たな価値観を育み自立する場でもある。

よく言われるように、母親の言うままに育って大人になると神経症にはならない。子どもは自立しようとすると、社会に毒された大人の価値観を打ち破ろうとして葛藤が生じ不安症状が強くなる。しかし、自己確立期の不安は必要不可欠なものだ。精神分析家が言うように、グレートマザーの軍門に下れば確かに症状はよくなるが、いつかはそれを乗り越えなければならない。心優しいひきこもる若者は、その戦いを辞めていない、一時躊躇することはあっても闘い続けている。むしろ、私たち親たちの側に問題がある。子離れに躊躇し、大人たち自身が育ってきた社会の価値観にとらわれ、子どもたちが自分たちの新たな価値観を確立することを恐れている。子どもたちは成長し、残念ながら親から自立してゆくことを、今、彼らから教えられている。

一九九〇年半ばから、ひきこもりの基本的障害に関しては、人格特徴、発達上の問題、家族関係、そして、これまで述べてきたような社会心理的要因などさまざまな視点から活発に研究が進められるようになった。例えば、青年期における社会的ひきこもりの原因として、特異的な神経質な気質の発達が挙げられる。小児期における同性の仲間との親密な関係は、青年期以降の対人関係に影響を及ぼすだけではなく、早期の発達時に経験される養育者との関係の不足を埋め合わせ得るものでもあると考えられている。また、家族環境スコアの研究は、ひきこもり群では健常対照家族群と比べて団結、積極的娯楽志向、組織・管理のスコアが低く、ひきこもり者の家族に問題があることを示唆している。もちろん、子どもに対する親の反応の仕方が人格形成に大きな影響を与えることは古くから言われている事実だ。さらに、日本社会の行動規範の重要性や複雑性は多大な期待や責任、そして、義務をもたらし、若者に多大なプレッシャーをかけていることもひきこもりを生じる一因となっているなどが挙げられている。

私は、これまでの実践的研究から社会的ひきこもりの基本的課題は、彼らの社会的成熟度に問題がある、特に人間関係の希薄さ、稚拙さ、そして、ソーシャルスキルの未成熟さにあると考えている。それ故に、不適応から生じた二次的症状を治療するだけでは解決しない。ひきこもり状態からの回復や再発を防止するには、ソーシャルスキルやコミュニケーション能力を高める必要があり、自助グループが効果的であった。また、ひきこもりの解決にはアウトリーチ型の支援が必要であり、韓国でも成果を上げている。私たちの試みでも、メンタルサポーターがひきこもり者本人に受け入れられれば、約半年以内に九割がた外出可能になることが分かった。サポーターの派遣は、ひきこもり期間により生じた精神症状やそのタイプによる心理特性に配慮して慎重に行う必要がある。そして、派遣はできる限り早期に行うのが効果的である。

4　アスペルガー世代の出現

私のひきこもり専門外来を訪れる若者で、何らかの発達障害ありと診断されるケースが年々増えている。精神科医の会話の中でも、何故発達障害が増加したのかといった話題が出ることが多くなった。アスペルガーの呼称は、オーストリアの小児科医ハンス・アスペルガーからきている。一九四四年に彼は、大人びた独特の言い回しや特定の物への限定的な興味などの特徴を示す四人の子どもについて論文「児童期の自閉的精神病質」を発表した。この時はまだアスペルガー症候群の呼称は使われていない。一九八一年になって、イギリスの研究者ローナ・ウィングが、論文「アスペルガー症候群―臨床報告」を発表し、一九四三年にカナーが発表した従来の自閉症モデルに異論を唱えて以来、アスペルガー症候群の呼称が用いられるようになった。社会性発達の質的障害、コミュニケーションの質的障害、興味や活動の偏りなどの自閉症にみられる特徴において、アスペルガー症候群と自閉症には重複する部分も多いが、アスペルガー症候群では、知的レベルが正常であり、言葉の発達に遅れはない。近年、自閉症やアスペルガー症候群などを一つのグループとしてとらえ「自閉症スペクトラム」としてひとつの疾患概念に含めて考えられるようになってきている。

発達障害を抱える人の生き辛さ

発達障害を抱える人は、第一には、コミュニケーションが苦手だ。特に、心を読むこと、つまり仕草や状況、雰囲気から気持ちを読みとることが苦手で、他人が微笑む場面に接しても、その微笑みが意味していることが分からないことがある。表情やボディランゲージなど、その他あらゆる人間間のコミュニケーションにおけるニュアンスを理解することが苦手で苦しむ。しかし、この苦手さの程度はスペクトラム状（連続体）であり、表情や他人の意図を読み取ることに不自由がない人もいる。また、アイコンタクトに特徴があり、ほとんどアイコンタクトをしないこともあれば、逆に、他人にとって不快に感じるくらいに、じっとその人の目を見つめてしまうような人もいる。相手からのメッセージが何を示すのか、彼等なりに必死に理解しようと努力していることから生じるのだ。そして、相手の心の解読が困難なために疲れてしまい、途中で挫折してしまうことも多い。また、言葉を額面どおりに受け取ることや、些細なことにこだわるといった特徴は、「厳正に規則を守る」というよさでもあり、就労には役立つことが多い。さらに、彼等は、他人の情緒を理解することや、自分の感情の状態をボディランゲージや表情のニュアンス等で他人に伝えることが苦手で理解されないこともたびたび生じる。親や教師が励ますつもりで「テストの点数などそれほど大事ではない」などときれい事ばかり言って聞かせたり、逆に現実的なことばかり教えたりすると、真に受けてしまい、持つべき水準からかけ離れた観念を持ってしまう。通常であれば日常生活で周囲の人の会話などから小耳に挟んで得ているはずの雑多な情報を、「聞こえてはいる」ものの適切に処理することが不得手であることから生じると考えられている。

次に挙げられるのは、限定された興味、関心がある。興味のある対象に対して、極端に集中することがある。社会一般の興味や流行にかかわらず、独自的な興味を抱くケースが見られる。輸送手段（鉄道・自動車など）、コンピューター、数学、天文学、地理、恐竜、法律等がよく興味の対象となる。また彼らは、順序だったものや規則性に魅力を感じ、逆に、予測不可能なもの、不合理なものを嫌う傾向が強い。関心は生涯にわたり持続することも、突然変わる場合もあるが、彼らの場合は、ある時点では通常一〜二個の対象に強い関心を持っているのが普通だ。ハンス・アスペルガーは、彼の一三歳の患者を「小さな教授」と呼んでいた。自分の興味を持つ分野に大学教授のような緻密な知識を持っていたからだ。一方で、自分の興味のない分野に対しての忍耐力が弱い場合がある。学生時代、「とても優秀な劣等生」と認識された人も多い。彼らは、しばしば学校でのいじめの対象になりやすい。何故なら彼等独特の振るまい、言葉使い、興味対象、身なり、そして彼等の非言語的メッセージを受け取ることの苦手さが級友に受け入れられないからだ。また、子ども時代に細かな運動能力に遅れがみられ、スポーツが苦手であることもいじめられる原因の一つとなっている。五感に過剰に敏感な人も多い。音、匂いに過敏であったり、あるいは触れられることを嫌ったりする。音に神経質過ぎて不眠で苦しむひとも多い。

　現在の若者は、社会で生き辛さを感じ、頑なに自分の生活パターンを守ろうとする傾向が強くなっているように感じる。アスペルガー症候群が病名として使われなくなり、広汎性発達障害（注6）や自閉スペクトラム症が用いられるようになった今、この現在のティーンエイジャーを表現するに相応しい言葉は、やはり「アスペルガー世代」ではないかと考えている。何故、発達障害が、特に成人期で増えたのか。もちろん増えたのかどうかも議論されている。一番言われているのが、社会的要因だ。社会の許容性の低下や、期待される社会的機能の高度化、複雑化が挙げられる。要するにこれまでならばちょっと変わった人と言われていた彼らは、社会の温かい目で支えられ、それなりの役割や仕事があったのだと言われている。ひきこもりが異常や病気と考えられるようになったのと並行して、診断技術が進んだこともあり、発達に偏りのある人も病気と考えられがちになったことは確かだ。

　この社会の許容性の低下を、青年期の発達障害の増加の大きな要因とすることに私も同感である。しかし、また違った見方をすれば、現在のＩＴ社会化とそれに伴うプログラミング的思考（注7）の定着が、発達障害の傾向を抱える若者をむしろ青年期まで生きやすくした、破綻しにくくしたと考えられなくもない。

　社会への出発を目前にし、複雑な人間関係への対応を求められることが差し迫った大学生や若者が、一過性の精神病様状態、興奮状態でひきこもり専門外来に運ばれてくることが日常的となった。発達障害を見慣れていない精神科医は、一時的に統合失調症の急性期症状と誤解することも多かったと思う。長く精神科医をしてきたが、これまで私の診断能力が低かったことを差し引いても、不適応をきたし興奮状態で運ばれてくる発達障害圏の若者が多くなったことは事実だ。その幻覚や妄想状態は適切な治療で嘘のように短期間で消褪する。

一例を挙げると、肇（仮名）は小学四年の頃より、集団に馴染めないことに気付いていた。地元で有名な中高一貫校に進学し、成績はトップクラスを常に維持していた。中学三年生の時にイジメにあい、それ以来不登校状態となった。高校は図書館通学して卒業し、トップクラスのT国立大学に一年浪人して入学した。入学後は、母親がマンションに同居して生活の面倒をみたが、無事三回生に進んだところで母親は安心して帰省した。ところが、ゼミが始まると、話の中に入れず、実験でも一人ぼっちで何をしていいのか分からなくなることが多くなった。そして、次第に下宿にこもるようになり、大学院で二年間休学状態になった。再度、母親がマンションで一緒に住み学校まで送るようになり登校を再開したが、実験で仲間から協調性がないと叱責されるたびに興奮し、最後には実験器具を壊し裸でキャンパス内を走り回り、警察に保護され緊急入院する事態となった。二、三日で症状は消褪し、母親が自宅に連れて戻り、私の専門外来を受診となったケースだ。

また、大学を途中で辞めて何度か別の大学に入学する若者も多くみられる。理想を求めて次なる大学へと入学する、アパシー世代の生き残り、青い鳥症候群の再現かとワクワクして彼らと接したがそうではなかった。最終学年に達し同級生が就職活動を開始し、いよいよ社会人となるのだと考えると急に不安が増大するのだ。自分は社会に出てうまくやってゆく自信がないと考え始める。彼らは特別理想的な仕事を追及して大学に留まりたいとか、また、大学を替えるのでない。むしろ社会への突入に怯え、社会参加を遅らせる口実を探しているようにみえる者が多い。自分はサラリーマンより研究職のほうがいい、東大の法学部から他大学の理学に入り研究職に勤めるといった具合に。

発達障害の診断の問題は、ADHD（注意欠如・多動性障害）でも同様なことが起こっている。日本でADHDの治療が本格化して一〇年が経過した。日本での成人期ADHDの有病率は一・六五％とされている（中村ら、二〇一三）。そして、男女比は一・六七：一・五三で、症状の中心は多動や衝動性より、不注意が多くみられるといわれている。この不注意が就労を困難としている。またADHDでも過剰診断の問題が議論されるようになった。就学や就労における機能水準の低下を認めないのに、主観的に困り感が強いと、容易に医療化してしまうリスクがある。それで注意機能を高める抗ADHD薬が、適性診断に基づく障害の治療という目的でなく、生活機能改善の目的に乱用されることが多くなっている。また、適応上の障害が脳機能上の課題として誤って解釈され、治療の焦点が症状の改善に対してのみ向けられる傾向が強くなりつつある。そうすると、患者のパーソナリティや、取り巻く環境の問題が考慮されにくくなり、機能改善に至らない危険性がある。

ADHDは年代により、さまざまな形であらわれる。学童期には行動の問題として表現され、学齢期になると行動や学業の問題としてだけでなく、社会的不適応から自尊心の低下が生じる。青年期では、これらの行動、学業の問題、そして、社会的不適応や自尊心の低下に加えて、法的問題、怪我、喫煙や物質使用障害が生じることが多い。

何らかの発達障害を抱える彼らは、確かに器用に生きられないで苦しんでいる。しかし、器用か不器用かというよりも、不注意が彼らを一番苦しめていると私は考えている。

（注1）出家するための条件としては男子で二〇歳以上、宗教的な罪がないことを前提としている。ちなみに、出家の要因として主に以下のことが挙げられる。一、成人するため。二、ブンを両親に献上するため。三、宗教的な行為を通して良い仏教徒になる。四、罪の消去（刑務所を出てから一時期間、僧になる習慣がある）。五、配偶者及び家族の死去で、支えてくれる家族がいない人が教育を受けるため。近年ではこの出家の行為が形骸化の傾向にあり、二と三を建前とし、実際には一の理由により、成人通過儀礼として行われることが多い。一方で、いわゆる「自分探し」などの内面的理由や、社会性をつけたいなどの現実的な要因も少なからず絡んでいる。

（注2）シリコンバレーはIT業界の世界の中心で、天才が多く集まることでも有名だ。このシリコンバレーの天才達のなかに発達障害の特徴を持つ人が多くみられることから、アスペルガー症候群がシリコンバレー症候群と呼ばれることがある。

（注3）文化結合症候群はある地域、民族、文化環境において発生しやすい精神障害を指す。その代表的な病に中米の「ススト（スペイン語で驚愕を意味する）」がある。スストは、それまでできていた家事や育児が次第にできなくなり、食べる意欲もなくし寝てばかりいる病だ。精神科医としてスタートしたばかりの私は、無謀にもこの病をうつ病の困惑状態と診断し治療に挑んだことがあった。一九七三年のことだ。この試みは、見事に失敗した。そして、マヤの伝統医クランデロが、このスストで苦しむ女性を見事に治しショックを受けた時の光景が今でも心の奥深くに焼き付いている。このことは後に、ひきこもり状態で苦しむ者を、西欧医学的カテゴリー化して説明することへの疑問や矛盾を私に再燃させた。ひきこもり者が語る苦悩は、カテゴリー化を超えてこそ理解が可能となることを再認識させてくれた。

（注4）イヴァン・イリイチがいうように、学校化されるというのは、たとえば卒業証書をもらえればそれだけ能力があることだと思いこむように、制度のもとで生きることを選択して自主的な考え方、学び方を放棄した、制度からのサービスを受けることに疑問を持たず、自律的、協働的な生き方を捨て去ること。

（注５）アスペルガー症候群と高機能自閉症が同じものか否かについては諸説あるが、両者が区別されることは少なくなってきている。ＤＳＭ-Ⅴではアスペルガー症候群は独立した診断分類としては削除されている。自閉症の軽症例とも考えられているが、知的障害がないからといって社会生活での対人関係において問題がほとんどないとすることはできない。アスペルガー症候群としての特性の数々は知能の高低にかかわらず就労の場において、しばしば重大な障害となる。それにもかかわらず、日本では最近までアスペルガー症候群への理解や対応が進んでいなかった。二〇〇五年四月一日施行された発達障害者支援法により、アスペルガー症候群と高機能自閉症に対する行政の認知は高まった。また、注意欠如・多動性障害（ＡＤＨＤ）や学習障害（ＬＤ）などを併発している場合もあること、さらに、「アスペルガー」や「自閉症」という言葉には偏見があることから、「広汎性発達障害（ＰＤＤ）」や「発達障害」と呼ぶ医師も増えている。なお自閉症スペクトラムの考え方では、定型発達者とカナータイプ自閉症の中間的な存在とされている。

（注６）「広汎性発達障害」は、世界保健機関が定めたＩＣＤ-10（疾病及び関連保健問題の国際統計分類　第10版）とアメリカ精神医学会が刊行したＤＳＭ-Ⅳ-ＴＲ（精神疾患の分類と診断の手引　第四版新訂版）における分類上の概念として取り扱われている。ＤＳＭ-Ⅳ-ＴＲにおいては、広汎性発達障害に、自閉症、アスペルガー症候群、レット障害、小児期崩壊性障害、特定不能の広汎性発達障害（非定型自閉症を含む）が挙げられている。両者の診断分類や診断基準はやや異なる。

（注７）プログラミング的思考は単にプログラミングの仕方を学ぶということだけではなく、考え方や思考法の一つである。ロジカルシンキングと同様で、その思考の過程でプログラミングの考え方を応用することが重要となる。今日、コンピューター等を活用した問題解決の定式化、データの論理的構成と分析、さらには複雑さを処理する自信や難しい問題に取り組む根気強さなどを育むとして、小中高校の学習に取り入れられるようになった。

第二章

ひきこもりの長期化

1　ひきこもりの長期化の過程

私が考えるひきこもりの長期化の過程を、表2に示した。

第一期（〇～〇・五年）とはひきこもって六か月以内の時期を言う。この時期にひきこもり専門外来や相談に訪れるのは、ほとんどが不登校の中学生か高校生で、大学生や社会人は少ない。学校に行けなくなった子どもが心配で、親が子どもをひきこもりではないかと連れてくることが多い。子どもは学校に行こうとするが朝に起きられず、登校しても学校の手前で戻ってしまう。普通に学校に行けない状態が永遠に続くのではないかという不安と悪戦苦闘している。症状的には抑うつ状態にあることが多い。学校生活への不適応から、救済を求め一時家庭に逃げ込んだ状態だ。親子の対話も可能である。

必要なのは一、二か月の休息とその後の適切な登校刺激だ。休息期間を待てず、親や担任が慌てて過剰に登校刺激をすると回復は失敗する。抑うつ気分の強さによってはスクールカウンセラーの支援や薬物治療を含

表２　若者のひきこもり長期化の過程

	状態像	対処方法，及び治療
第Ⅰ期 (0～0.5年)	ひきこもり・不登校状態⇒不安,救済への期待。(親子での対話が可能)。 〈親は，いつも子どものみかた〉	家庭に一度撤退する。 ○うつ症状が中心。 (治療) 薬物療法も必要。
第Ⅱ期 (0.5～3年)	再適応への失敗⇒失望,葛藤。世間体を気にして身動きが取れない（自己との対話のみに陥る)。 同輩の進学，就職⇒家庭内暴力。 〈普通になりたい〉 《ハムスター症候群》	回復支援プログラム（主にステージⅡ，Ⅲ)。 ○社交・対人接触場面での不安の高まり。 (治療) ①社交不安障害に準じて：SSRI，etc。 ②感情のコントロール障害：非定型抗精神病薬，等。
第Ⅲ期 (3～10年)	ひきこもり状態での安定化⇒あせりの内在化。 〈今のままでいるほうが楽,しかし……〉	回復支援プログラム（ステージⅠ～Ⅳ)。 回復支援の具体化 ○無気力，将来への不安。 (治療) ①落ち込みや不安の緩和：SSRI。 ②意欲や気力の低下を改善し，外に出る後押し：SNRI。
第Ⅳ期 (10年～)	8050問題:両親の老齢化，経済的破綻⇒不安,抑うつ状態。親子心中といった最悪の事態を防止。 〈ホープレス〉	精神保健・福祉関係者の関与の必要性。 回復支援プログラム（ステージⅠ～Ⅳ)。 40歳以上では,まず親のケアから。障害者枠での就労支援の考慮。

めた精神科医の関与が必要となってくる。最近、子どもの社交不安障害が、単なる不登校として見逃されていることが多いという報告が見られるようになった。安心して再登校を可能にするのは、どこまでも子どもの味方であり続ける姿勢だ。

第二期（〇・五年〜三年）は、学校や社会への再適応に失敗した状態で、失意の中でもがき苦しんでいる期間だ。家族は救済を求めさまざまな相談機関を訪れ、本人は世間体を過度に気にして身動きがとれずにいる。自室に閉じこもり自己との対話のみに陥り、こんな生活をしている自分はダメなやつだとか、特殊な病気だと思い込んでいることも多い。次第にその憤りがつのり家庭内暴力へとつながることもある。同輩の進学や就職の時期にそれはピークとなり、家庭訪問をすると時に目を覆いたくなるような惨状に出くわす。

自分だけが取り残されてしまったという焦りと苛立ちから、甘えられる相手、普通は母親に無理難題を言い、暴言や暴力を振るうまでになることがある。彼らは少なくとも普通に生活したい、普通に外出もしたいともがき苦しんでいる。その方法が見つからないのだ。人に会うこと、他者の視線の脅威にさらされることを恐れ、人のいない夜間に、時々、外に出ることに挑戦することもあるが、次第にそれも不可能となりひきこもってしまう。私たちの回復支援プログラムが一番効果を発揮する状態だが、対人接触場面での緊張が過度に強くなった状態が多く、対人・社交不安を軽減するために、プログラムを進める過程で一時的に薬物療法も必要となる。

コラム

ハムスター症候群

ひきこもって外に出られなくなり、焦燥感や苛立ちが強くなった状態を指し、私の長期化の過程の第二期（〇・五年〜三年）にあるひきこもり者をいう。

お叱りを受けることを覚悟で言うが、ひきこもり者と、ハムスターの生態にはいくつもの共通点がある。ひきこもる若者は、一般には草食系といわれるが、私の元に集まる若者は自分たちのことをロールキャベツ系と呼ぶ。表面はキャベツでおおわれているが、なかにチョッピリ肉を含んでいるというのだ。ハムスターも、夜行性で一般には草食性と言われているが、草食性に近い雑食性だ。ひきこもる若者の多くが、母親から手厚く加護され、物質的に恵まれて育てられてきたように、ハムスターはペットや実験用動物として愛玩、重用されている。穴を掘るのに適した太い頸部と丸い体形を持ち、ひきこもりが、長期化する過程でひきこもり生活に適応してゆくように、ハムスターも進化の過程で地中生活に適した体形に変化していった。

ひきこもり者が、家庭の加護から自立しようとして外に出ると恐怖にさらされるのと同様に、野生のハムスターには地中に掘ったトンネル生活から一歩踏み出そうとすると外敵が待ち受けている。そして、今、絶滅の危機に陥っている。ひきこもりには、五感が過敏な者や昼夜逆転している者が多く、夜間にネットで他者と繋がってゲームなどを楽しみ、時々コンビニに食べ物を買いに出かける。同様に、ハムスターも夜行性で臭いに非常に敏感だ。

ハムスターは捕食される動物であるため、とにかく臆病で警戒心が強い。臆病な性格故に、時に人間に対して攻撃的な行動を取り、巣箱の中に隠れて出てこなくなってしまうこともある。そのため、懐かせるには時間をかけて信頼関係を築いていく必要がある。ケージ、エサ皿、回し車、ハウス、砂入りトイレ、給水器があれば快適に生きていける。

ハムスターに象徴されるひきこもりは、ケージの中、つまり家庭で守られて生活している。心配顔の飼い主がヒマワリの種などの好物の餌を、つまり親が食事を勉強部屋に運び与える。時々、可愛い可愛いとハムスターを優しく取り上げ散歩させようとする。親が励まし、学校が嫌ならアルバイトでもしたらどうと提案する。嫌がったり、時々、噛みついて抵抗したりするときつい視線が向けられる。こんなにお前のことを思っているのに、と無理やり精神科を受診させられる。それでもハムスターはひたすら回転車の中を強迫的に駆け回り続ける。ただ淡々と自己との対話を繰り返し、親はじっと腕を組みなすすべがないと嘆く。時々勇気をだして、散歩の途中で逃げ出して大好きなあなぐらに逃げ込む。逃げ出そうとする時、自由と恐怖の間で翻弄される。

ひきこもり者は、期待に応え親を喜ばそうと必死に努力する、ハムスターと同様に可愛い親の玩具と化しているように見えてくる。

自由を求めてケージから逃げ出すと、邪悪なまなざしを持つ蛇に睨まれ穴ぐらで身動きが取れなくなる。これまでひきこもり者を蛇に睨まれ身動きが取れなくなったウサギに例えてきたが、孫が飼っていたハムスターをみて、ハムスターこそ、ひきこもり者を象徴すると思った。

第三期（三年～一〇年）は、家の中だけの生活に慣れ、社会に出ることとの諦めから表面的には安定期に入る。家族はこの平穏さを壊すことを恐れる。本人もそのままでいるほうが楽。しかし、このままでは……、とアンビヴァレントな気持ちの中で葛藤し苦しんでいる。専門外来を一番多く訪れるのは、ひきこもり期間が三年から一〇年に及んだ者だ。

この状態を説明するのに、私は大学時代に留学生を対象に実施したホスト文化への適応度の調査結果を例に挙げることが多い。留学初期にカルチャーショックに陥ることはよく知られているが、経時的に留学生の不安度を追跡してゆくと留学二年後ぐらいに再び不安度が高くなる留学生が多い。この時期を経過すると、日本文化に本格的に適応した安定状態になる。ひきこもりも二、三年でひきこもり生活に適応し、表面的な安定化がみられる。彼らは、「今のままでいるほうが楽、しかし、……」の言葉が示すように、強い焦りを感じている。

この時期では、家族が病院やカウンセラー、そして、NPOなどのひきこもり相談を何度も訪れたが解決方法を見いだせず、半ば諦めていることが多い。そこで家族の方に、私たちの回復支援プログラムには何か今までと違った具体的な手段があると感じてもらうことが成否のカギを握っていると考える。プログラムのステージⅠからⅣまですべての対応が必要となる。本人の状態としては、将来への不安と抑うつ気分を背景に、無気力状態にあることが多い。そこで、表面的に安定した状態から一歩足を進めるために、不安や意欲の改善の目的で、SNRIを中心とした薬物治療による後押しが必要となる。

第四期（一〇年以上）は、ひきこもってから一〇年以上経過した長期化した状態だ。この状態を揺るがすのは、親の老齢化とその結果生じる経済的破綻だ。何一つ問題解決への現実的な対応が思い浮かばず、強い不安、抑うつ状態、ホープレスな状態に陥っている。その結果、病気に倒れた両親を殺害する、殺害というより貧困による親子心中と表現するのが相応しい不幸な事件が発生することもある。

二〇〇四年東大阪市で約二〇年間の長期にひきこもった三六歳の男性が両親を絞殺する事件がマスコミで報じられた。さらに二〇一九年に続いた事件は、ひきこもりは犯罪者予備群とまで言われかねない結果を生んだ。特に元農水事務次官が長年ひきこもっていた息子を殺害した事件は、現代社会にひきこもりの長期化を生む高学歴信仰と世間体が存続していることを象徴していた。ただし、これは特別なケースであり、私自身も殺人まで至った事例を経験したことがない。極端に追い詰められた不幸な結果だ。

私は裁判所に嘆願書の提出を依頼されたことがあった。この頃、私は大学ですでに二〇年以上ひきこもり問題と取り組み、二〇〇二年に和歌山大学ひきこもり回復支援プログラムを完成したばかりであった。私が意見を求められたケースは、一〇年以上ひきこもり、三〇歳半ばを越えた青年のケースだった。彼は二〇歳を過ぎてひきこもり始め、親に連れられ精神科を一回受診した。精神的に異常がないと言われ、それ以降一回も受診していない。二、三回カウンセラーのもとを訪れたが、ゆっくりとしましょうと言われるばかりで具体的な解決策は示されなかった。それ以後、一〇年近く、母親だけがいろんなひきこもり相談先を訪れていた。そして、父親が交通事故で倒れた。母親は家で青年の世話に加え、父親の介護に追われるようになった。その何年か後に母親が疲れから倒れた。その時、この青年は寝込んだ父母の世話ができないばかりか、買い物にすら行けず、食事も作れなかった。誰に相談すればよいのかも分からなかった。途方に暮れ、ホープレスとなった若者は両親を殺し、自分も死のうとした。日本特有の親子心中の逆パターンだ。

自分だけ生き残ってしまったこの青年には親族殺人が適用され、極刑を求刑された。それで支援者から裁判所へ嘆願書を依頼されたのだ。この時の裁判官は、母親は一〇年以上毎月相談に通い息子を何とかしようとしていたのに、この青年はたった一回精神科を受診しただけで、努力の跡が見受けられないとの判断だった。ひきこもりが外に出る事の困難さがまだ十分に理解されていなかった頃の事件だった。日本各地で同様の事件が続いた。このような不幸な事件を起こしてはいけない、まずは両親のケアが必要だ。この福祉国家日本で不可能なはずはない。それから、ひきこもりの支援の開始だ。私はこの時、福祉関係者の関与の必要性を痛感した。

最近では、八〇五〇問題が社会問題となっている。親が八〇歳、ひきこもっている子どもが五〇歳になっていることを意味する。この中高年のひきこもりは、大きく四パターンに分けられる。第一は、若者のひきこもりの長期化であり、回復支援が失敗した結果生じるパターンだ。第二は、就職はしたが短期間で辞職し、あるいは何回かの就職の失敗の後にひきこもるパターンだ。高校や大学は卒業できたが、会社での生活、特に人間関係に馴染めず、上司に分からないことを質問もできずに仕事がうまくゆかず、自信をなくし辞職に追い込まれるケースが多い。三番目は、親の社会的地位が高く、経済的に恵まれた子どもに多い。親が期待する仕事に就けず、プライドが高く、四〇歳以上になっても現実離れした理想にしがみつき、もがき苦しみひきこもっているパターンだ。最後は、女性に多いケースである。仕事に就いたが思っていたような職種が与えられず自分から進んで退職したケースだ。自宅にいても家事を手伝う気にもなれず、時々、家から遠くの町へ買いものに行ったり音楽を聴きに行ったりするが、普段は自室に閉じこもっているケースである。隣人はひきこもり者が家にいることに気づいていない場合も多い。

こうした不幸な結果を防止するために、精神保健・福祉関係者の関与が強く求められる。私も保健師や介護の方と訪問する機会が多くなった。この問題の詳細は別の項で述べる。

ひきこもりは、一九七〇年代から一部の専門家に注目されていたが、社会的ひきこもりの言葉が使用されたのは一九八〇年代になってからで、一九九〇年代にその増加や長期化が深刻な社会問題化した。さらに、二〇〇〇年代に入りひきこもりは韓国でも注目されるようになった。そして、現在ではひきこもりは世界に拡散しているとの報告がなされている。そして、西欧でのひきこもりの報告は、日本の中高年のひきこもりと共通点が多い。つまり、ある程度働いたことがある社会経験のある人が多い。彼らの多くは家にこもり、これまでの生き方を立ち止まって振り返ろうとしている。そういうケースならば、ひきこもり状態が一年になっても、二年になってもいいのではないかと考えるのは私だけではないはずだ。統計の数値だけに頼り、あまりひきこもりの幅を広げるのはどうかと思う。

ひきこもりの半数以上でひきこもり期間が一〇年を超えたと言われて一〇年以上になる。これまで長期化により生じたさまざまな問題がマスコミでも報じられてきた。最近では中高年のひきこもり者数が、若者のひきこもり者数を超えたとの報告があった。この問題を考えてみよう。

二〇一六年に厚生労働省が報告した、ひきこもりの人数の推定値を見ると、五年前に比べやや減少傾向にあると考えられる。実はこの調査に盲点があった。一五歳から三九歳の若者を対象としていたからだ。二〇一〇年の調査時、三五歳から三九歳のひきこもり者は全体の二三・七％を占めていた。この年齢のひきこもり者は、ひきこもりからの脱出が一番困難な年齢だ。長期化による無力感、意欲の減退が強く、さらに社会経験の不足からソーシャルスキルが未熟だ。受け皿となる社会の目も厳しく就職先を探すのも困難を極める。ひきこもりからの脱出に失敗した若者が、四〇歳を越えていった結果、第二回の調査でひきこもり者数が減少したと考えられる。二〇一八年になってようやく厚労省が重い腰を上げた。四〇歳以上のひきこもりの実態調査の予算化を決めたのだ。そして、二〇一九年には内閣府が、中高年のひきこもりが六一万人以上との報告を出した。

私の調査結果

私は和歌山大学在職時にひきこもりに関するさまざまな調査を行い、発表してきた。ここではそのうちの三つの調査結果を簡単に説明したい。

第一は和歌山大学における長期不登校学生のレトロスペクティブな調査、第二は和歌山県のひきこもり相談で出会った長期間ひきこもっている学外の若者の三年間のフォローアップ調査、そして第三は長期不登校学生とインターネット依存に関する予備調査だ。

まず、第一の長期不登校大学生の調査は二〇一〇年に行った。この調査は積極的な欠席理由をもたず、三か月以上不登校状態を呈し、しかもセンターで長期間フォローできた、明確な精神障害や発達障害を有しない和歌山大学学生一七二名を対象に実施した。この二八年間の長期不登校学生カルテ記録を、A、B、Cの三群に分けて分析した。A群は一九八二年四月から一九九二年三月までの五一名、B群は一九九二年四月から二〇〇二年三月までの六七名、そして、C群は二〇〇二年四月から二〇一〇年の三月までの五四名だった。

その結果、和歌山大学における長期不登校学生の入学年度別出現率は、二〇一〇年までの一〇年間を見ると〇・六％〜一・八％（平均一・二％）であり、二〇〇四年度まで増加傾向にあったが、それ以後は減少傾向に転じた。減少傾向の一因として、ひきこもり回復支援プログラムの効果が考えられる。

性別にみると、一七二名の内、男性一五八名（九二％）、女性一四名（八％）と他の調査結果以上に圧倒的に男性が多いのが特徴だ。大学に入るまでの不登校経験者数は四五名（二六％）で、いじめを受けた経験があると訴えた者は二七名（一六％）、平均ひきこもり期間は五・一か月と短かった。予想に反して二年以上続けて長期にひきこもった学生は二名にすぎなかった。この調査で、大学生の不登校の特徴として、短期のひきこもり状態を繰り返すタイプが多いことが分かった。

そして、これらの学生をアパシー群と非アパシー群に大別し（表3）、さらに後者、つまり社会的ひきこも

表3　若者の心の病理現象の変化

大学版の不登校		性格傾向	社会活動	心理特徴
アパシー群	スチューデント・アパシー ～1980年代～ 戦後の復興を支えた親のもとで育った	○自己決定や責任を回避。 ○プライドが高い⇔自信がない。	○本業（学業，仕事）からの選択的撤退。 ○競争の回避・しらけ。	○自己確立：青年期特有の心性が色濃く反映。
非アパシー群	社会的ひきこもり ～1990年代～ 高度成長期，父親を会社に奪われた世代	○強迫的，被害者意識が強い。 ○自己評価が低い。	○家庭というシェルターに逃げ込み，内から鍵をかけた状態。	○文化依存的：受験文化，高学歴社会特有の価値観を反映。
	リアリティ逆転 ～2000年代～ コミュニケーション革命後	○生の人間関係がわずらわしい。	○バーチャル・コミュニティ中心。 ○ネット依存	○リアリティの逆転。

りを四タイプに細分類した（表4）。その結果、継時的に長期不登校学生の病態が変化していること（表5）が明らかとなった。

　アパシー群は、スチューデント・アパシーに代表される。プライドが高い反面意志力が弱く、困難な問題にぶつかると失敗を恐れ、対決して解決するのでなく回避しようとする傾向が強いタイプだ。しかし、大学生としての生活からは撤退したが、安全と感じる生活の場で対人交流を維持しており、あくまでも学業からの選択的な退却であり、学業以外での活動性は高い。そこからみえてくるのは、自己確立に苦悩する若者の姿で、その病態の特徴は青年期の延長・精神的な幼児型成熟であり、青年期の心性が色濃く反映している。

　次に非アパシー群は社会的ひきこもりに代表される。他人との交流をもてないことに不自由を感じ苦しんでいる若者だ。

　その内の、不安障害型は、些細なトラブルを契機

表４　社会的ひきこもりの分類（宮西，2005 を改変）

<table>
<tr><th colspan="2">社会的ひきこもりのタイプ</th><th>鑑別診断</th><th>社会活動</th><th>心理特性</th><th>発達過程での課題</th></tr>
<tr><td rowspan="3">非アパシー群・社会的ひきこもり</td><td>不安障害型</td><td>社交不安障害・気分障害</td><td>活動の低下は短期的</td><td>不安耐性閾値，葛藤処理能力や自己評価が低い。
心理社会的不安やうつに不適応をきたしやすい。</td><td>母子関係（母子密着，母子分離困難）。</td></tr>
<tr><td>強迫障害型</td><td>強迫性障害・境界例</td><td>長期ひきこもり</td><td>不登校経験が多い。
学歴社会での脱落の原因は家族にあるとの確信。仲間を持てないことへの不安と恐怖。</td><td>少年期の仲間作りに失敗（遊びによる仲間作り，協調性，社会的スキルの形成不全）。</td></tr>
<tr><td>人間不信・トラウマ型</td><td>統合失調性人格障害・ＰＴＳＤ</td><td>集団生活困難</td><td>自己の感情を押し殺し，強い人間不信感を抱く。</td><td>同級生によるいじめ，疎外感。</td></tr>
<tr><td colspan="2">リアリティ逆転型，他</td><td>バーチャルコミュニティでの活動</td><td>パソコンでの仮想の現実でのみ人間関係を構築</td><td>曖昧さを嫌い，対人関係で生の感情表出を避ける。論理的思考を好む。</td><td></td></tr>
</table>

表５　大学版不登校学生のタイプの経時的変化（宮西，2007）

<table>
<tr><th colspan="2">大学生の不登校のタイプ</th><th>'82.4~'92.3
（N=51）</th><th>'92.4~'02.3
（N=67）</th><th>'02.4~'10.3
（N=54）</th><th>総　数
（N=172）</th></tr>
<tr><td colspan="2">アパシー群</td><td>26（51%）</td><td>15（22%）</td><td>15（28%）</td><td>56（33%）</td></tr>
<tr><td rowspan="3">非アパシー群</td><td>不安型</td><td>7（14%）</td><td>17（25%）</td><td>11（20%）</td><td>35（20%）</td></tr>
<tr><td>強迫・恐怖型</td><td>9（18%）</td><td>15（22%）</td><td>13（24%）</td><td>37（22%）</td></tr>
<tr><td>人間不信・トラウマ型</td><td>2（４%）</td><td>11（16%）</td><td>7（13%）</td><td>20（12%）</td></tr>
<tr><td colspan="2">リアリティ逆転型，他</td><td>7（14%）</td><td>9（13%）</td><td>8（15%）</td><td>24（14%）</td></tr>
</table>

に葛藤処理困難となり不適応反応を生じ、また、母親から見放されることを、全存在を否定されるように感じ強い不安を抱く、いわゆる、不安耐性閾値が低いタイプだ。過度の母子密着や母子分離困難など幼児期の母子関係に問題が多かった。次の強迫障害型は、遷延化したケースに多く社会・対人恐怖傾向が強い。過去へのこだわり、特に現在のひきこもり生活、学歴社会での競争からの脱落の原因は家族にあるとの妄想的確信を抱き、親へ威圧的な態度をとる傾向が強い。少年期に自由に遊び戯れる時間を持てず、仲間作りや協調性、基礎的な社会的スキルの形成が育まれていない若者に多かった。人間不信・トラウマ型は、一見礼儀正しく、また規則正しく登校し、家庭内暴力などの異常言動が表面化するまでは社会からのひきこもりに親も気づかないことが普通だ。この無表情を装い、自己の感情を押し殺し社会との交流を断つタイプの若者は、友人を作れないばかりか、同級生によるいじめなどで心の傷を負い、強い人間不信感や社会への怒りを内在していた。

社会的ひきこもりの多くは、高学歴が人生の幸せや成功を約束するとの価値観を有する社会で、疲れ挫折し家庭に逃げ込み、社会に出ることにおびえる若者であり、その病像はアパシー群の学生に比べより文化依存的となっていた。最後の、リアリティ逆転型は、二〇〇〇年以降に目立ち始めたネット社会での人間関係を理想的な関係と考え、生の人間関係をわずらわしいと感じるインターネット依存学生に多かった。

次の調査は、学外の長期ひきこもり者に対するメンタルサポーター・アミーゴ派遣効果について調べたものだ。

二〇〇二年と二〇〇三年の両年に相談に訪れた学外のひきこもり相談者四三名を対象に回復支援プログラムを適用し、三年間にわたり追跡したものだ。対象者の平均ひきこもり年数は、男性五・五年、女性二・二年だった。性別は男性三二名（七四％）と男性が多かった。四三名の内、三一名を精神科医が訪問面接した結果、一一名（男性九名、女性二名）は明らかな精神障害や発達障害を有すると診断されアミーゴ派遣から除外された。その内の六名は未治療の慢性統合失調症であり、専門家による早期の正確な診断の重要性が考えられた。四三名中一二名が精神科医の訪問面接を拒否したが、九名が家族相談を継続し、後に精神科医のもとを三名が受診している。

訪問面接をした三一名の内、後にメンタルサポーター・アミーゴが関与したのは一六名（五二％：男性一〇名、女性六名）で、内一三名（八一％）が平均約六か月でアミーゴと外出可能となった。三年経過時には、大学や専門学校へ進学七名（男性五名、女性二名）、アルバイト等に六名（男性二名、女性四名）が従事していた。このようにアミーゴ関与者の八〇％以上が、何らかの形で社会参加していることが分かった。そして、二〇一〇年には、外部相談者数は一〇〇名を超えている。

最後は、ひきこもりとインターネット依存に関しての予備調査だ。

二〇一一年一月時点にサポート中の長期不登校学生二九名を対象に、ネット依存傾向に関する聞き取り調査を行った。全員が男性で、ネット依存傾向を認めた学生は一六名（五五・二％）であり、ひきこもり期間は平均一三・四か月とネット依存傾向を認めない群の平均約四・六か月に比べ有意に長かった。この他、ひきこもり状態下でネットへの依存を強めた事例が多かった。典型的なネット依存症の事例は、ひきこもる以前からネット依存傾向を認め、特にオンライン・ゲーム型の依存事例は、自助グループへの導入がより困難であることなどが分かった。ひきこもり状態に陥った若者は、一人でいる時間の孤独感や傷ついた心を癒す目的でインターネットを使用する傾向が強く、ネット依存傾向はひきこもりの長期化をもたらす一要因と考えられた。

2　中高年のひきこもり者の増加と社会問題化

ひきこもっている者は常に不安に襲われながら毎日を過ごしている。長くひきこもっていればいるほどその不安は強くなる。最初は生きがいとか、このままで何もせずに人生を終わっていいのか悩むが、悪戦苦闘しているうちに、あっという間に一〇年が経過している。こうなるとこれまでの実存的な不安から、将来このままで生活していけるのか、親が死んだときの生活費は、といった現実的な不安が心を占めるようになる。その特徴は、高齢化や身体の弱まりで、本人以上に親の不安が強くなることだ。

二〇一九年、元農林水産省事務次官が息子を殺害するという不幸な事件が生じた。その動機の一つとして、息子が他人を殺す前に殺す以外にないと考えたことが挙げられた。またこの息子が母を愚母と呼び暴力を振るい続けていたことが挙げられていた。私は、この「愚母」の言葉で一人の若者の言葉を思い出した。彼はロシアのTV取材で、母を殺す以外に生きる道はない。殺される前に殺さないと、と語っていた。その後彼は、親を殺さないように家を出たいのだが、一人では下宿できないので仲間の一人と下宿したいと相談にきた。

彼らは自分の心の中にでき上がった母親のイメージを殺そうとし、必死に闘っていることが多い。

中高年のひきこもりの特徴

中高年のひきこもりは大きくは二群に分けられる。第一はこれまで述べてきたように、若者のひきこもりが未解決のまま長期化したケースだ。第二は中高年になって生じた新たなひきこもりだ。後者では高校や大学を卒業して何度か短期間は仕事についていることが多い。失敗して自信をなくし定職に就くことなく中高年に至ったケースだ。若い時にひきこもりを開始した者より社会的スキルが高く、就労への意欲も強い。

ただ現在の日本では、前者のケースでは四〇歳を過ぎた彼らを受け入れる社会環境は不十分だ。また長く社会から離れていたことから、彼らの現実見当識能力に問題があり、求める職種と現実の仕事内容とのミスマッチが見られた。彼らが求めるような仕事は実際にはない。女性の場合、何度か仕事に失敗した後家庭にこもっていても、それほど社会は注目しない。家事を手伝い、自分を犠牲にして老齢化した親の介護をしていると考えられがちだ。ところが家庭内に入ると全く逆なことが多い。周囲の目に留まらないようにこっそりと、親の年金で遠方に出かけ、ネットで買い物をして、老いた親に食事を作らせ暮らしていることも多い。生活面でも、また精神的にも親を支配しているケースに男女差はない。中高年によく見られる親の年金依存型である。

ある週刊誌で、東京都福祉保健局のひきこもり支援の担当者が、

「ひきこもりの子どもとしっかりと向き合わないといけないと考える親が増えている。都ではひきこもりサポートネットを設置し、相談にあたっているが、一日一〇件程度だった相談が、二〇一九年には二〇件前後に増えている」

と語っていた。二〇一九年に続けて起こったひきこもりに関する事件の影響だろう。

私はこの事件に際して家庭だけで抱え込まないこと、つまり第三者の関与の必要性を訴えた。普通、家庭内暴力が起こった時点で、専門家がかかわらないといけないと考えている。親が我慢してしまうと、異常な

暴力へとエスカレートすることがあるからだ。そして、子どもが親に手を出した場合には、警察を呼ぶように指導している。ただ、家庭内暴力はすでに書いたようにあくまでも、どうしようもない憤りを甘えられる親にぶつけているもので、完全に否定はしない。ひきこもりの相談に来た人には、イライラが抑えられないときはモノを壊してもいい、それでも高いモノは壊すな、壁を叩き破ると修理費が高くなる、安いモノなら壊していいと口癖のように言っている。

とにかく、第三者に相談できるかどうかが重要だ。精神科医や臨床心理士など専門家が適切に対応する必要がある。

八〇代の親が五〇代の子どもの面倒を見る「八〇五〇問題」など、中高年のひきこもりは長期化してしまっていることが多い。親が高齢化し、面倒を見切れない不安に駆られている。ひきこもっている本人もその状況を感じ取り、追い込まれる。事実、親は病気で倒れ、死んでゆく。当然の結果として、これまでの生活は破綻する。この過程でさまざまな不幸な事件が生じてきた。私は、専門家が親の不安を和らげることが、状況を改善させる一歩となると考えている。

中高年のひきこもりはいつでも起こる可能性がある。社会に出てから、退職や人間関係の悪化、病気などがきっかけとなるケースが多い。内閣府が二〇一九年三月に発表した四〇～六四歳を対象にしたひきこもりの調査では、二〇代から六〇代まですべての年代で、ひきこもりが開始されているとの実態が分かってきた。ひきこもりの原因としてさまざまなストレスが挙げられているが、ひきこもりのきっかけはリストラや契約更新不継続、あるいは親の介護のために仕事を辞めざるを得なかったなど「退職したこと」が最も多く、「人間関係がうまくいかなかったこと」「病気」「職場になじめなかったこと」が続く。精神科医や精神保健の専門家が原因を見極めて、適切に対応することが必要だ。世間体を気にして相談できない親も多い。しかし、その生活に慣れてくると、ひきこもりが長期化してしまう。長くなるほど対応が難しくなる。

かつて一〇年以上ひきこもっていた若者が、病気で倒れたご両親を殺害する事件が続いた時、長期化が不幸を生じることは周知のこととなった。それ以来、私は当事者へのアプローチに入る前に、まず親御さんのケアの必要性があることを訴えてきた。二度とこんな不幸を起こしてはいけないと訴え続けてきたつもりだった。しかし、今、また同質の不幸が生じてしまった。

中高年のひきこもり者数

社会的ひきこもり者は、二〇〇四年の推定値で六〇万世帯以上にいるといわれ、その五割以上の若者は未解決のまま三〇代に達し、平均ひきこもり年数は一〇年を超えると報告されていた。

二〇一五年の一五歳以上、三九歳未満を対象とした内閣府の調査では狭義のひきこもりは約一八万人（〇・六％）、そして、準ひきこもりを含めると約五四万人（一・八％）と推定されるとの報告が出されたが、すでに述べたように、四〇歳以上のひきこもりについては数値から漏れていた。そこで二〇一八年に国が音頭をとって、中高年のひきこもりの実態調査が行われた。

この中高年を対象とした初めてのひきこもり者数の調査は、一九九市区町村、二〇〇地点、一地点二五人、層化二段無作為抽出法により、満四〇歳から満六四歳までの五、〇〇〇人の住民を対象に、調査員による訪問留置、訪問回収調査が行われた。有効回収数は本人が三、二四八人（六五・〇％）、そして、同居者二、八一二人から回答を得ている。その結果を見ると、あくまでも推定値であるが、広義にひきこもり、つまり普段は家にいるが自分の趣味に関する用事だけは外出するのは、中高年で二四・八万人、若者で三六・五万人であり、狭義のひきこもり、普段は家にいるが近所のコンビニなどには出かける中高年は二七・四万人、若者は一二・一万人、そして、自室から出るが家から出ない、あるいは自室からほとんど出ない中高年が九・一万人、若者は五・五万人となっている。

中高年で男女差を見ると、広義のひきこもり群で、男性が四分の三以上を占め、広義以外のひきこもり群で男性四八・三％、女性五一・七％を示している。中高年の広義のひきこもり四七人のひきこもり年数を見ると、三から五年が約二一％と最も高く、七年以上が約五〇％となっている。

中高年のひきこもりが社会問題となって初めての本格的な調査だが、対象人数が少ないこと、また、広義のひきこもりをひきこもりと考えてよいか、予備軍と考えてよいか疑問が残る。中高年まで仕事を中心に生活を送っていた男性は、それまで仕事以外に外出する機会が少なく仕事を離れた友人がいない、また、打ち込む趣味を持っている人が少ないことから、必要最低限しか外出しない。こうした状態をひきこもりの範疇に加えることには問題がある。私は若者の広義のひきこもりと同質に扱えないと考えている。

中高年のひきこもりの共通の課題

中高年のひきこもりが問題化するのは、親の老齢化により、経済的、身体的な限界からひきこもる子どもを抱えきれなくなるためである。二〇一八年度に私が専門外来で診察した四〇歳以上のひきこもり者数は一六名、全体の約五％と少ないが、彼らの傾向をみると次のようなことが推測できる（表6）。

まず中高年ではひきこもる女性が多くなっていると言われているが、私の外来ではまだ相談に訪れる女性

表６　一年間に専門外来を受診した中高年のひきこもり者（2018 年度）

	40 〜 49 歳	50 〜 59 歳
人数（平均年齢）	10 名（43 歳）	6 名（53 歳）
性別	男性（7 名）女性（3 名）	男性（6 名）女性（0 名）
相談歴	有（3 名）無（7 名）	有（0 名）無（6 名）
親	父母（4 名）母（6 名）	父母（1 名）母（5 名）
就労経験	有：7 名 （男性 6 名，女性 1 名） 無：3 名 （男性 1 名，女性 2 名）	有：1 名 （男性 1 名） 無：5 名 （男性 5 名）

は少なく、男性が多い。女性の場合、日本ではまだ事例化しにくいからだと考えられ、女性が相談しやすい環境づくりが今後の課題の一つである。ひきこもるまでの就労経験では、ある人とない人が同数（八名）であった。前者は、何度か短期間仕事に就いたが続かず、辞めた後にひきこもってしまった人だ。後者はこれまでまったく仕事に就いた経験がない人である。若い頃からひきこもり続けていたことに驚く。しかも、これまで何らかの相談をした経験がある人は一六名中三名と少なかった。

年齢別でみると、四〇代では、四〇歳三名、四一歳、四二歳、四三歳が各一名、四六歳が四名となっている。五〇代では、五〇歳二名、五四歳一名、五六歳二名、五七歳一名となっている。女性はいずれも四〇代である。また母親一人がひきこもり者を見ているケースが、両親がいるケースの二倍以上もあった。差し迫った老後の不安から相談に訪れるケースが多いことが分かる。

次に、私が経験した中高年のひきこもり事例から、さらに詳しく説明したい。

事例１：若い頃からのひきこもりが長期化したケース

五〇歳、男性、相談歴あり、職歴あり。

【学歴】普通高校卒業

【生活歴】

幼少時より、大人しく母親の手を煩わせたことがなかった。少ないが友達もいた。ただ自分から友達を遊びに誘うことはなかった。小学、中学も目立たないが不登校もなく進学。高校を卒業後、何度か仕事に就くもいずれも数か月で辞めている。仕事はできたが、人間関係が苦手で同僚に溶け込めず、仕事のことで分からないことがあっても質問ができず、叱られては休み、やがては辞めていくパターンを繰り返していた。二〇歳半ばを過ぎてからは仕事に就いたことがない。父親が死亡した後、母親は七〇歳まで介護の仕事をしながら一人でひきこもる息子の面倒を見ていたが、膝関節痛が悪化し手術後、仕事が困難となり年金生活となった。病気がちになった母親が、自分の死後の息子のことが心配で、嫌がる息子を無理やり連れ初めて専門外来を受診した。

【ひきこもり歴】

二〇歳頃は、時々図書館やコンビニなどに出かけていたが、次第に皆が自分のことを怠け者とみているのでないか、ぶらぶらしているおかしい奴だと思われているのでないかと気になりだし、特に出会った人の視線が怖くなり外出を避け家にこもりっきりになった。受診時には、夜間にまれにコンビニに買い物に行くが、人に会うと緊張して冷や汗が出始め、胸がドキドキして心臓が止まりそうになり逃げ帰ってくると訴えた。ここ一〇年間は家をほとんど離れたことはないと落ち着かない様子だった。対人・社交状況での強い不安を認めた。ひきこもり歴は二〇数年だった。

【経過】

母親が働けなくなったので、何とかしたい。昔、働いていたときは仕事ができた、働く場所があれば働きたいと訴えた。中高年のひきこもり者には就労に対する意欲を見せる人が若者より多い。ただ、社会経験が乏しく、受診後、就労技術を身につける時間的余裕がないことが多い。四〇歳を過ぎた人には、若者が中心の私たちが行っている専門デイケアや集団精神療法にも抵抗を示す者も多い。そのため、個人精神療法と薬物療法を中心に行わざるを得ない。彼の場合も薬物療法と行動療法を実施した。彼の必死の努力も重なり、約半年間である範囲での外出は可能となった。母親とハローワークに行かせ、障害者枠雇用制度を利用して、仕事場が少人数で、単純作業の職場を探させた。仕事を開始し、二回中断したものの数年後も何とか仕事を続けている。母親の年金と短時間労働の収入で何とか生計を維持できている。母親は喜んでくれているが、これからは、母親から自立することが求められる。

事例2：中年になりひきこもったケース

四六歳、男性、相談歴なし、職歴あり。

【学歴】国立大学卒業

【生活歴】

弁護士の家庭に生まれる。小学二、三年時より塾に通う。成績は優秀で友達も多かった。有名な中高一貫校に進学、それまでは勉強一筋であったが、高校時代から文学書を読むようになる。医学部受験に三回失敗した後、有名国立大学の理学部に進学した。大学の授業には興味を持てず、哲学書や文学書を読みふけっていたために一年留年して卒業した。一流企業に就職したが、上司と衝突し一年もたたずに辞職、その後、母親の実家が経営する会社に就職するもすぐに辞めた。

【ひきこもり歴】

一回目の仕事を辞めて以後、医学部を再受験すると言って、自宅にこもって過ごすようになる。実際は、ゲームやネットを楽しんでいた。母親が心配し、実家が経営する会社に就職させた。そして、コンピューターが得意で数年間働いたが三〇歳半ばで突然辞めた。その後は働いていた時に始めた趣味のクラシックカーに乗って、時々夜中に出かける以外は、自宅から出ない生活を続けていた。

父親が、医療機関や公的機関に相談することを反対し続けていたが、父親の老齢化と本人の将来や結婚の問題などを心配した母親が、父親の反対を押し切り、県外にある私のNPOの相談に息子を連れてきた。裕福な家庭で経済的に困っていないが、母親が息子を一人残すのが不安であると訴え、一方、本人は今までお金に不自由をしたことがないが、定職に就かないと結婚ができない、そろそろ定職に就かなければと考えると不安で眠れず、長く昼夜逆転の生活を続けていると訴えた。

【経過】

相談当初は哲学や文学の話に終始した。NPOの仲間作りに参加することはできなかったが、定期的な相談にだけは遠方から訪れるようになった。一年後にはネットで知り合った女性とも月一回程度はデートができるようになり、さらに一年後には、昼夜逆転の生活パターンを活用して、米国に本拠地をおくeコマースにおける世界的なリーディングカンパニーに夜間にテレワークで従事するようになった。さらに、最近ではNPOのイベントにも参加するようになった。彼の場合は、コンピューター技術があり、昼夜逆転をうまく利用できたケースだ。親御さんは夜の仕事に反対であったが、働き方は急速に変わりつつある。寝る時間を惜しんで昼間はデートに出かけている。

彼の場合、コンピューター技術があり仕事に恵まれたが、地元の名士であったりすると、普通は本人が了解しても、親が障害者枠での仕事や地元の会社で働くことを受け入れないで、社会参加が困難となるケースも多い。

事例3：家庭で母親が病気で倒れるまで何不自由なく育った女性のケース

四六歳、女性、相談歴なし、職歴あり。

【学歴】大学卒

【生活歴】

父親は会社の経営者、母親は小学校の教師の家庭の一人娘として生まれる。小学校より、ピアノを習い、塾にも通っていた。本人は友達と騒いで遊ぶのが嫌いで、一人で本を読んで過ごすことが多かったと語るが、母親はそうは感じなかったという。成績は優秀で有名私立高校を卒業後、音楽学科に進学を勧められたが理系の学部に進む。卒業後、ＩＴ企業に就職するもすぐに辞め、その後は、自宅でピアノを少し教えたり、刺繍をしたり好きなことをしていた。父親が過労死して、母親が初めて娘をこのままにしておいてはいけないと感じたという。知人の紹介で、事務系の仕事を勧められ、始めてはすぐに辞めることを数回繰り返した後、自宅にひきこもり始めた。母親が校長を務め退職した時、彼女は四〇歳を過ぎていた。

【経過】

母親が病気で入院した時に、死ぬ、死ぬと興奮状態となり母親の友人に連れられ初診した。一過性の精神病状態がみられたため数日間入院している。精神症状はすぐに消褪し、母の友人が、母親の退院まで彼女の面倒を見るとのことで退院となった。その後の心理テストで発達障害が疑われた。彼女は、経済的に恵まれた生活をしていたが、父親は会社の経営に忙殺され、母親は天職と考える学校での仕事に熱中するあまり、彼女の学校や職場での生き辛さに気付いていていなかった。それで別に仕事をしなくても、年に何回かコンサートにも出かけていたので、そのうちに見合いをさせて結婚すればいいと考えていた。三五歳を過ぎても見合いに応じなかったため、将来のために仕事をと、数学の教免を取得していたので教師の採用試験を受けないか勧めたが、応じなかったという。そうこうするうちに四〇歳を超えてしまったと嘆いた。退院後の外来受診時に、「母はまだ病床にあり食事を作れず、私はこれまでスーパーに行ったこともないので、母が入院した時は死ぬ以外に道はないと思った」と語った。当時は若者の就労支援の事業所は四〇歳までとの年齢制限があったため利用できず困ったが、母の友人がやっている障害を持った子どの施設のボランティアをすることになった。資産や母親の年金など経済的にも善意の支援者にも恵まれているが、彼女の発達の偏りを考慮してのジョブスキルの訓練がこれから必要なケースだ。

事例4：何度か就職に失敗し中高年になったケース

四一歳、男性、相談歴あり、職歴なし。

【学歴】大学卒

【生活歴】

両親ともに教員の家庭に生まれる。有名私立中高一貫高校で学んだ。成績は優秀だったが友達はいなかった。会話が求められる英語と体育の授業が苦手だったが、他の教科に問題がなかったため、普通に卒業できた。現役で有名私立大学に入学したが、楽しく遊ぶ同級生に疑問を感じ、国立大学の法学部に編入した。そこでも友達はできなかったというが無事卒業した。公務員試験に失敗した後、自分は社会に受け入れられないと思い込み、ひきこもり状態が続くようになった。

【経過】

本人が三六歳の時、両親が専門外来に相談に訪れるようになった。半年後に訪問を考えたが、本人が興奮するからと両親が拒否したため、家族相談のみを続けていた。両親の話から、衝動性、攻撃性、そして、独語などの存在が推測されたため、往診の必要性を説得していた。しかし、二年以上過ぎた時に、親の強い希望があり、往診でなく時間外に私が一人で訪問することとなった。彼は応接室での面談には応じなかった。両親が恐れていた大声を出し興奮する気配が見られなかったので、逃げ腰のご両親を尻目に思い切って自室にいる彼にドア越しに声をかけると、廊下に出てきて立ち話となった。両親の異常言動の訴えから予想していた病態に反し、他者と話すのは何十年ぶりだと大きな体とは似つかわしくない小声でおどおどと答えた。自分は駄目だ。親は知らないが、大学卒業後、何度か就職面接を受けたが相手に嫌な気分を与えてしまい落ちてばかりで、自分は社会に受け入れられない人間だと話し、さらに訪問を感謝した。そこで障害者職業センターでの就労適性検査や、若者の就労支援について説明すると、自分で行くから病院にはいかない、性格が悪いだけでしょう、病気じゃないでしょうとあくまでも専門外来の受診は拒否した。

その後も両親だけが外来に来ていたが、四一歳になるのを機に彼は、両親には内緒で、「ハローワークも、障害者職業センターも相手にしてくれません」

と、外来を初めて受診した。

「なんて言われたの」

と訊くと、

「あなたは就職するつもりがないでしょう、本当に働く気になったら来てくださいと言われた」

と不満げに答える。

どんな会話になったのかとさらに詳しく尋ねると、そんな仕事しかないのか、自分を馬鹿にしているのか、本当に世話をしてくれる気がないのか、など相手を怒らせるようなことばかりをつっけんどんに担当者に言っていたことが判明した。これでは相手が気分を害するのも当然だ。彼は相手の気持ちが読めない。しかも、一六年ほど自宅にこもっていて社会経験もなかった。

それでショートケアに参加を進めると、

「四〇歳を過ぎたので自分で何とかしなければとは思うので参加してみる」

とぶっきらぼうに答えた。

ショートケアでもその場の雰囲気が読めず、仲間の顔をしかめさせていたが、やっぱり自分の性格はおかしい。話が合いませんが、みんないい人ですよ、と話すようになった、そこで、自分の性格を知るため心理テストを勧めると喜んだ。その後、ショートケアと並行して予約制の臨床心理士によるカウンセリングを実施することを決めた。

就職意欲だけはあり、何度かこっそりアルバイトを始めたが、やはり数日も続かなかった。それでも、私や女性カウンセラーとの人間関係ができると、何でも相談するようになってきた。しかし、年下のショートケアの仲間には彼が遠慮しているように見えていたようだ。そんなある日、彼より少し年上の者がショートケアに来るようになった。彼も、四〇歳を過ぎ焦っていた。ありとあらゆるひきこもり支援窓口に相談し、作業所での仕事を何度も体験したが、そのたびに皆から「嫌がられている」と感じるようになっていた。確かに、その場の雰囲気を読めない。人が意見を言うとそれを批判する。それも理論整然とするので誰も反論できない。作業所でも指導員の利用者への態度のいたらなさを指摘しては怒らせていた。この二人は中学校や高校の学校社会にはある程度適応し、有名な大学を卒業しているが、面接や仕事で周囲の雰囲気が読めずに、孤立し離職していた。

彼らは社会での生き辛さを感じ苦しんでおり、自分はこのままでは社会に受け入れられないとは分かっているのだが、その理由は分かっていない。相手の落ち度を批判し、逆に、自分は人間失格だと自虐的になるが、客観的な自己分析や豊富な知識や能力の活かし方を知らず、仕事場での雰囲気を壊し、上司を怒らせては茫然として混乱状態になり、さらに異常行動が出現して、その結果、私たちに紹介されてくる。発達障害をベースに抱えている者の共通の悩みだ。何度か就職したものの仕事が続かずにすぐに辞めた者が中高年のひきこもりには多い印象がある。彼らには性格を知るための心理テストが有用であり、最初は個人療法から導入することが多い。

今回の彼らは、ショートケアで知り合った年齢の高い仲間を鏡に映したもう一人の自分のように見つめ、自分の認知の課題を知り成長していった。もちろん、不満ながらではあるが一人は個別塾で勉強を教え、一人はA型作業所で働くようになった。

事例5：五〇代のひきこもりケース

五六歳、男性、相談歴なし、職歴なし。

【学歴】大学中退

【生活歴】

両親が大学の職員の家に生まれる。入学した大学に興味がないと訴えたため、理解を示した父親が希望する大学の受験を勧め、何度かチャレンジしたがことごとく失敗した。その後、短期間アルバイトをしたが続かず、自宅でひきこもりがちな生活が続くようになった。

母親が公務員で病気一つせず一人息子を支えてきた。母親が大学に勤務していたため、心理の専門家に相談して何度か相談日まで決めたが、その日が来るとキャンセルしていた。普段は大人しい彼が、カウンセリングやアルバイトの話を持ち出すと興奮して母親に、

「お前の教育方針が悪かった」

と攻撃することが続いていた。

母親が耐え切れず、その言葉に反発すると、彼は暴力を振るったのでやむなく警察に通報した。しかし、警察官が駆け付けるとすぐに冷静になり、反省の態度や言葉を示したため問題にならなかった。むしろ母親は警察を呼んだことが息子の心を傷つけたので、この時さらに悪化させたと後悔していた。

その後は、母親だけが時々知人のカウンセラーに相談していた。

【ひきこもり歴】

父親の死後も、彼は外出することなく、欲しいものはネットで注文する生活が続いていた。家庭内では電

球の取り換えや重い物を運ぶのを手伝ったりしながら彼と母との穏やかな生活が続いていた。母親が退職後もそんな生活が続いていた。そのうちに四〇代が過ぎ、そして五〇代も半ばとなり、

「私は九〇歳を過ぎたので私の死後の息子のことが心配です、病気一つしておれません」

と、彼が五六歳になって初めて母親が専門外来を訪れた。

【経過】

母が料理を作り食卓に並べておくと、彼は一人で食事をとる毎日を過ごしていた。会話もなくなっていた。母親は、機会があるたびにひきこもり講演会に参加し、またさまざまな相談機関を訪れていた。外来を訪れた時は市の相談員に相談を持ちかけたところだった。

「やるべきことはすべてやってきましたが、息子は動きません」

「市の相談員の方が、月に二度来てくれているのですが息子は会って話をしません」

と嘆いた。

私は何度目かの相談で、

「私が気になるのはお母さんが元気すぎることです、膝が痛いとか、何か病気はありませんか」

と訊くと、

「どこも悪くありません、それでも九〇歳を過ぎたのでいつまでもこのままでおれません」

との返事が繰り返された。

「お元気なことは羨ましい、何か悪いところを探してくれませんか」

と言うと、不思議な顔をしてしばらく考えていたが、

「そうですね、今は私が何でもやれるので、息子のやることがありませんね」

と冷静に答えてくれ安心した。

普通は、まずひきこもっている者の家庭での役割がないかを探すことからスタートする。おばあさんがいれば、お茶やご飯を持って行ってもらい、母親が通院中であれば息子に助けを頼むようにさせる。しかし、彼は母親と二人暮らしで、母親は元気そのものだ。

最後には冗談で、

「お母さんに病気になってもらいましょうか」

と話すようになった。よいことだがお母さんが元気すぎるのだ。そのうちに彼が簡単な料理ができることが分かった。それで、地区の会合や世話役などの理由でまずお母さんに忙しくなってもらうことにした。帰りが遅くなるのでと夕食の準備などをしてもらうことからスタートした。このように親が元気すぎるケースでは、例えばご両親が健在ならば温泉旅行などの小旅行に出かけてもらう。

次に、市の相談員の件が問題となった。

母親が、

「来てもらっても話もしないし、その後からしばらくは、興奮はしないが機嫌が悪いので訪問をやめようかと思っている」

と訴え始めた。相談は続けてもらうこと、万が一お母さんが倒れた時にも相談員が介護や福祉の専門家とつないでくれるので安心だから絶対やめないようにと命じた。

現在もベテランの相談員の方が訪問を続け、ドア越しの会話が可能となっている。

これまでも述べてきたように、中高年の場合は特に家族対応が大切になってくる。親が介護や福祉の支援が必要な状態であることも多い。それで、精神保健の専門家の関与が不可欠だ。

このケースでも、一度、若い相談員を派遣して失敗している。中高年のひきこもりの支援には、若者の支援と違ったメニューを考えなくてはいけない。話の内容も異なってくるため、相談員の年齢も配慮する必要がある。

中高年のひきこもり支援には、母親から自立、障害者枠での仕事や地元の会社で働くことを受け入れる、ジョブスキルの訓練の必要性を認める、自分の認知の課題を知る、そして、精神保健の専門家の関与等、若者との共通の課題をクリアすることが必要だが、そのためには特殊な配慮が必要だ。中高年では特に、居場所への導入やそこでのメニューが難しい。ただ、私のような老精神科医が相談や訪問に力を発揮する場がまだ残されている。

討論会

四〇歳のイメージ

ひきこもっている若者が四〇歳にどのようなイメージを持っているのかを知りたくて、討論会で「四〇歳時（または十年後）の自分のイメージ」について話しあったことがあった。その時の、参加者は一八名、平均年齢は三〇・五歳だった。

Ａ：二四歳です。中学時代に不登校経験があり、希望する大学に入ったのですが、クラブで仲間に入れず、面白くなくなり休み始め、今は休学中で、家に帰ってきています。一〇年後ですか、先のことなので、……自分の姿は浮かばないが、……親を介護している姿が目に浮かぶ。親が死ぬと年金がなくなるので困る。〈その時までひきこもっているのですか〉そうなりたくないのですが、何をしていいのか分からないので。

B：二六歳です。多分働いているのやと思います。年々、自分の精神状態が良くなっているので。今、週に二回若者の就労支援の事業所に通えているので多分働いている。僕は教員免許を持っているので、教師をやっているのかもしれない。やれるかどうかまだ自信がないですが。もし先生になれたら、情報クラブの顧問をしている。

C：二七歳です。ショートケアに参加するようになって二年にして、何とか短時間は働けているが、まだ精神的に大人になっていないので、こんなものかな。今のような状態かな。四〇歳でもう一回人生の試練が来ると思う。精神的に大人になっていないので。それでも働くのは続けているかな。両親も歳を取って働けなくなっているかもしれないから。

D：二九歳、歳よりです。相変わらず今の夜のバイトをしていて、「この職場クソやな」と、まだ毎日言い続けている。〈新たな仕事にチャレンジしないの〉今から仕事を辞めるのも面倒くさい。食べて、ゲームもできるし。それ以上、欲しい物がない。四〇歳の頃には、親が死に、兄貴が働き結婚しているかもしれないので、自分は家に残れるかな。それだけが心配。

E：三四歳です。おじいちゃんが亡くなっている。〈おじいちゃん子だったの〉優しくしてくれたのは、おじいちゃんだけだった。何かしら働いているのやろな。働くことを辞めたら生活が苦しくなるので。親の介護が必要になっていると思う。あと五、六年で四〇歳。現実感ある。家でいるのはしんどいが……。出てゆくと生活が不安。

F：三一歳です。まだ特定の場所にしか、外出できないので、働いている姿、具体的なイメージが湧かない。働いていると思うけど。

G：二五歳です。土地のこと、固定資産税の事を考えていると思う。その頃には親が払える状態でないので、どうしたら田畑や、家屋の税金を払ってゆけるか心配で。

H：四三歳です。すでに四〇歳を過ぎている。今まで、ひきこもっていてようやく働き始めた。今の仕事に行くことで精一杯。仕事はしんどい。もちろんひきこもっていた時のほうが楽だった。父親が死んで、母も病気がちなので仕方がない。〈これから一〇年後は〉一〇年後は考えられない。

I：四三歳です。障害者枠で電気の部品工場で働き始めて三年になる。もう四〇歳を過ぎたので。一〇年後ですか。五〇歳時になってもなにも変わりないと思う。ひきこもって親ともめていた二〇歳後半から三〇歳が底だったので、これ以上悪くなることはないと思う。あの時の苦しさより今はまし。

J：四〇歳です。今年結婚したし、今が一番幸せな時。〈二〇年以上ひきこもっていたけど〉その頃は結婚など考えられなかった。ショートケアに来るようになって、短時間働けるようになって、保育園に通っている子どもたちに時々読み聞かせのボランティアもできるようになった。今は、二人で働いて何とか生活には困っていない。五〇歳になった頃には普通に働いていると思う。

K：もうすぐ四〇歳なので。普通に生きていたい。大学卒業後、仕事に就いたが途中で辞めてひきこもって、今、ショートケアに参加したところ。乱高下のある人生になってしまい、今は下がり続けている。この歳でまともな仕事がない。一〇年後、まともな仕事についていたい。

L：二九歳です。高校で不登校になって退学して、長くひきこもっていて、ショートケアに通い始めて高認資格を取って大学に入った。これまで二回大学を退学して、ようやく一つの大学は卒業したが。〈国立大学を卒業して、資格も取ったのに働かないの〉なんとなく仕事に就くのが嫌で、またショートケアに参加するようになった。今年、ようやく目的の大学に入れた。卒業に六年かかるが、四〇歳の頃には、自分で働いて、生活できるようになっていたい。

M：二二歳です。今は、ひきこもっていて、外出できるのはショートケアの時だけなので、二〇年近く先の話なので分からない。自分が働いていてほしい。

N：二三歳です。大学を中退して以来、ゲーム中毒で昼夜逆転の生活をしている。自分の居場所が見つかっていない。ショートケアに時々来るくらい。一〇年後も自分の居場所が見つかっていなかったら死んでいる。面白くなかったら死んでいる。これから見つかればいいが。
O：二七歳です。四〇歳時にもし働いていたら、自分が食べてゆくのと、健康状態が悪くなった親の世話で精一杯だと思う。
P：二〇歳です。高校を退学して、高認に合格して大学に入ったが、今、何をしたらいいのかすら分からない。大学にも行っていない。一〇年後は想像できない。
Q：三八歳です。国立大学を卒業して、数か月働いたが、人間関係がうまくいかず辞めた。この歳までひきこもっていて、昨年からショートケアに来た。もう四〇歳目前。今がこの体たらくなので、四〇歳時は変わらない。一〇年後も今のような自分そのもの、変わりようがない。
R：二八歳です。大学を卒業して大好きな鉄道会社に入ったが、ミスばかりして上司に叱られ、落ち込んで二回病休をとった。仕事内容もよく、給料もいいのだが。もう仕事に戻る自信がない。四〇歳時には定職に就いていたい。家庭も持っていたい。
S：二六歳です。ショートケアに二年いて、就労支援の事業所を紹介され、障害者枠で働き始めた。一〇年後は、ただただ現状を維持しているだけ。〈職場での評判はいいですが〉大人はマイナスのことを言わない。四〇歳時に、今の状態だったら生きていたくない。今、仕事はやらんといかんからやっているだけ。仕事に興味は湧かん。行かんといかんからやっている。親に言われるし、将来の生活もあるから。〈君の職場でも外国人労働者が増えているが〉外国人に脅威は感じない。自分で精一杯で周りの人に目がいかない。働く場所や治安が心配。自分にも被害がかかりそうだから。文化的に日本と外国とは違う。日本は進んでいるから。

ここから、外国人労働者の話へと入っていった。ひきこもり者から、何かしたいとの声を聞くことは少ない、夢を持つのは無駄だともよく言う、流れに任せる以外にないと口には出すが。彼らが本心を語り始めるのはもう少し先になる。

事例6：ゆっくりと、がもたらした不幸

私のひきこもり専門外来を訪れる約二〇％が未治療の統合失調症の若者だ。「不登校やひきこもりはゆっくりと見守りましょう」という言説がもたらした不幸だ。専門家が診察を行わなかったため、未治療では回復は困難で、幻覚や妄想を内にかかえたまま一〇年、二〇年と経過したケースが多い。

正義（仮名）の場合も、一六年経過してようやく母親が専門外来に相談に訪れた。

彼は中学までは勉強も普通にでき、目立つ存在ではなかったが、友達とも仲良く遊ぶ手のかからない普通の子どもだった。高校入学後、次第に不登校となり、父親が厳しく登校を勧めると、一日行ってはまた休むようになった。成績が落ち、出席日数の不足で留年を余儀なくされ、次第にひきこもり状態となった。最初は食事を一緒にとっていたが、次第に父親を避けるようになり、母親が彼の部屋に運ぶようになった。

家族が精神科の受診を勧めるも応じず、特に攻撃的となることもなかったので、そのまま時間が経ってしまった。三一歳の時、新聞でひきこもり専門外来のことを知り母親が相談に訪れたのだ。

母親は彼の近況を語った。雨戸を閉ざして開けようとしない。髪は伸ばし放題で顔が見えにくくなっている。母親が部屋に入ると布団を頭からかぶり話をしない。雨戸をあけて掃除をしようとすると怒るので、開けないでいる。どうも独り言を呟いているようだが、内容は理解できない、等、外来で母親から何回か伝えられた状態から判断すると統合失調症が疑われた。精神科医が一番役に立つケースだ。なんとか彼を診察する必要があった。幸い彼の家は車で約三〇分の場所にあり、病院からの往診が可能な範囲である。私と専門の看護師とで往診することになった。玄関で母親が私たちを迎えてくれた。

「一応、食事をとりに来た時、何回も先生の訪問を伝えたのですが、背を向けたままです」

「いいですよ、怒って家の方に暴力を振るわなかったですか」

「それはなかったです」

と、よい返事だった。

居間で母親から三〇分ほど話を聴き、家での状態を確認しながら、彼の部屋の様子を窺った。何やらバタバタしている。彼はそのうちに風呂場に入った。母親は、普段彼は風呂には入らない、部屋にいると先生たちが入ってくると思って逃げ込んだと思いますと困り顔で説明した。以前に、大学生を訪問した際、風呂場に逃げ込んだ若者に声をかけたところシャワーで水を浴びせられた苦い経験があった。慎重に風呂場のドア越しに七〇歳近い老いた精神科医であることなど、一〇分ほど彼に自己紹介をした。だが、やはりドアをしっかりと押さえたまま開けてはくれない。

「せっかく来てもらって申し訳ありません」

と母親は謝るばかりだった。

「彼の部屋にお母さんは入っていますか」

「部屋には入っても怒りません、布団をかぶっているだけです」

できれば部屋の様子を確かめたかった。幸運にも訪問一回目から母親の許可で部屋に入れてもらうことができた。部屋の机には古いタイプのパソコン一台と汚れたコーヒーカップ一個がポツリと置かれ、その両横にゴミが積み上げられ、そして、家のすぐ近くに置かれた自動販売機で、真夜中に唯一外出して買うというコカ・コーラのペットボトルが、彼のベッドの回りに悪魔からでも自分を守ろうとするかのように何十本も奇妙に並べられていた。

「コカ・コーラでベッドを囲んでいるのは何か意味があると言っていましたか」

「何も言いません。ペットボトルだけは触るとひどく怒るので手を付けていません。部屋の掃除をすると機嫌が悪いので、なかなか掃除もできずこんな汚いところに先生に入ってもらって」

「申し訳ないのはこちらのほうです、もしわれわれが部屋に入ったことで興奮したらすぐに病院に連絡ください」

訪問後の興奮が一番心配だが、往診の場合は病院で対応できるのでそれが私たちの強みだ。その後、急な訪問を風呂のドア越しに詫び、母親と緊急事態の対応の打ち合わせをして家を後にした。半時間の予定がすでに一時間以上経過していた。

数か月様子を見たが彼は動かなかった。興奮も見られなかった。これでは動きようがない。そこで専門チームによる訪問看護を開始した。最近は精神保健の専門家からなる訪問看護の事業所も多くなった。病院、保健所、精神保健の事業所が協力して訪問を続けることが可能となった。彼は何回かの訪問の後にスタッフを部屋に入れてくれた。そして、自動販売機までスタッフとコーラを買いにいった。しかし、会話はなかった。一年後、親が焦り始め私たちは対応を迫られた。

「これでは何も変わりません」

との親の言葉に押され入院を勧めることを決心した。入院の準備をして、家族で入院を説得してもらうことにした。措置入院の法的な手段に乗っ取らない限り、私たちが強制的に入院に関与することはできない。あくまでもご家族の力で入院を勧めてもらわないといけない。警察に通報するなど最悪の事態は避けられた。予想に反し仕方なくではあったが静かに入院に応じた。やがて薬を飲んでくれ始め、主治医やスタッフとの会話もできるようになった。二か月後には退院の準備にまで入れるようになり、ひきこもり専門ショートケアにも入院中から参加し始めた。しばらく訪問看護を続けることなど打ち合わせを行い退院となった。母親に送られショートケアに参加し、さらにその一年後若者の就労支援の事業所に通うまでになった。現在、週四、五時間の短時間就労を考えている。

彼にかかわり始めてからの二年間少々は、私たちにとって大変長く思われた。しかし、彼はその八倍の期間苦しんできたのだ。精神保健の専門家が早くかかわり、一〇年以上のゆっくりは避けたい。

3　青年期に発達障害は増加したのか？

私は二〇一二年にひきこもり専門外来を開設した。専門外来を訪れた若者は年間平均約一〇〇名。驚いたのは発達障害をベースとしたひきこもりの増加である。専門外来を開始して一、二年間は約二〇%だったが、六年経過した二〇一八年には四〇%近くになっている。

最近は一過性の精神病様状態となり私の外来を受診する二〇歳前後の若者が増えている。学校や会社で生き辛さを感じて不登校やひきこもり状態になってしまった発達障害の若者が親の些細な言葉で興奮し、時には幻覚妄想状態に陥り病院に連れてこられるのだ。彼らは学校や社会でうまく振る舞えない、世渡りが下手な若者だ。自分の気持ちを仲間や上司に伝えられない。それで学校に行けなくなったり、仕事を辞めてしまったりする。それが何回か続くと、自分は能力がない人間である、さらには皆が自分のやることなすことすべてを邪魔していると被害的に考えるようにまでなる。成人期まで破綻をきたさずにいた若者が、大人社会を目前にし、イエス、ノー、の思考パターンでは解決できない曖昧さを求められる社会体制下に投げ出され、右往左往した挙句、破綻するのだ。

このように現在、発達障害と診断される人自体が増えていることは確かだ。この要因に関してさまざまな議論がある。

第一は社会要因であり、その一つが社会の許容性の変化だ。発達に偏りのある人は、これまではちょっと変わった人だと考えられていたが、最近では異常と見なされるようになった。期待される社会的役割の複雑化も要因の一つだと考えられる。近年、学校での学習内容や会社での仕事内容が複雑化したため、発達障害の人が社会で不適応をきたしやすくなったのだ。しかも複雑な作業に就く人が偉いと考えられる社会になった。そのことが、若者に無理を強い、不適応をきたしやすくしている。

これとは逆の考え方もある。私もそう考えるのだが、現在のコンピューター社会や学力至上主義社会は、発達に偏りのある若者を許容しており、そのことが、中高年まである程度の社会適応を可能にさせている。つまり、発達障害が病理化する年齢を遅らせているとの考えである。

第二は、精神科医の発達障害に対する関心が深まり、診断技術が近年急速に進んだことだ。残念ながらこの結果、ちょっと変わった人を病気とみなすことが増えたのも確かだ。

事例1：人の輪に入れない

私の元に集まっているのは高学歴集団だとよく批判的にみられる。特別、意識しているわけではないのだが、いわゆる一流大学で立ち止まった若者が多い。

東京大学工学部を四回生で中退して私が通う医大に入学してきた同級生がいた。彼は優秀だったので素晴らしい医師になるなと羨ましく思っていると、卒業間際の六回生でまた中退し、東北大学の理学部に入学した。妥協せずに自分の一生の仕事を求める素晴らしい人だと感心していると、また四回生で中退したとの噂が伝わってきた。その時は自己確立で悩むスチューデント・アパシーだと考えていたが、彼に似た若者が最近よく私の元にやってくる。そんな彼らの中にスチューデント・アパシーの若者もいるが、多くは発達障害をベースに抱えた、人間関係がうまくいかず社会に出るのを恐れる若者である。

その中の一人優一（仮名）は、慶応大学を卒業したが就職せずに、高校時代から目指していた東大を再受験して見事に合格した。ところが東大でひきこもり状態になった。四年間が経過したときに父親に連れられ私の専門外来を受診した。受け答えも良好で特別精神症状を認められなかった。気になったのは小学低学年から塾通いに忙しく、友達との遊びやスポーツ活動への参加が全く見られなかったことだ。もちろん成績は常にトップクラスで、学校では何ら問題を指摘されていない。大学でもサークル活動に参加することなく、毎日休むことなく通学していた。そんな彼が、少人数で実験をするようになったゼミが始まってから、皆の話の輪に入れない。どうも同級生から敬遠されているようだと違和感をもつようになった。飲み会にも次第にお誘いがかからなくなった。

「飲み会は楽しかった？　どんな話をしていたの」

と訊くと、

「酒を飲んで学問の話をするのが大学生です。私の大好きなユングの理論を話しました」

と何気なく答えるので、皆の反応はと訊くと、

「彼らはユングに興味がないみたいで、私が話しだすと黙ってしまいました。そして、女の子の話などを始

めました。つまらないですね」

ワイワイガヤガヤ仲間が雑談している中で、緘黙を守り孤立している姿が浮かんできた。彼は英文学を専攻していた。しかしは英文学の論文が書けずひきこもり始めた。そして、下宿にひきこもった三年後に私の元に連れられてきた。ひきこもりショートケアに参加させ様子をみることにした。

「宝くじで一千万円当たったら、何に使うか」とか、「君たちは、社会からはじき出され、これから無人島に一人行く羽目になった、三つだけ何か持ってゆくことを許される、何を持ってゆくか」こんな風な馬鹿げたテーマを毎回電車の中で考え、その日の会話のテーマにする。そんなテーマにも彼はまじめに理論的に整然と答える。そして、自分の番まで静かに聞いている。

ショートケアに参加して半年も経つ仲間からは、

「またつまらんテーマですね」、「一千万円は中途半端ですね、今は一億円以上ですよ」、「無人島に行かされても、スマホがあれば大丈夫」、

等々と、軽い会話が弾むようになるのだが、彼はその輪の中になかなか入れなかった。融通の利かなさが目立ち、心理テストを実施することにした。彼はＷＡＩＳ－Ⅲ(注8)などを軽蔑し、心理テストを拒否するかもしれないと考えたが素直に応じ、予想したように明らかな発達障害の傾向が出た。そして、次第に自分の生きにくさの原因を理解するようになり、自分と同じような発達障害の子どものために働くのだと教育学部に行くことを決心した。

三度目の受験の条件として、まず三回アルバイトをして失敗してくることを告げた。彼は素直に受け入れてくれた。

一回目の遊園地の切符切りのバイトは三日も持たなかった、ルールを守れない客を許せなかったのだ。

「よくやった、もう一回失敗してくるように」

と伝えると、次の書店でのバイトは一か月続いた。そして、三回目は個別塾の講師を命じた。もちろん予想していた通りに三か月以上続いた。彼は少し自信を持った。その間に、彼の存在はショートケア仲間に一目置かれるようになった。私の心理学的な問いに的確に答える彼に、皆から尊敬が払われるようになったのだ。彼のことを冗談は通じないが別に問題はないと考える心優しい仲間たちと食事や、大阪の繁華街に遊びに出かけるまでになった。

出発の時期が来た。大学に入っても社会に出るまで月一回はショートケアに参加することを条件に三度目の大学受験を許可した。そして、見事に合格した。彼は若者の就労支援の事業団のパートで働き勉強を続けている。また一人、ショートケアで仕事を手伝ってもらいたい貴重な若者が旅立った。

高学歴志向の若者のなかには、自信がないので学歴にしがみついている者も多い。社会に出る自信がないので何回も大学を受験する。有名私立大学卒業後、トップクラスの国立大学中退、そして、さらに、……と。その背景にコミュニケーションや対人スキルの未熟から生じる社会に出る不安が強く存在する。仲間との対話がそんな彼らを成長させる。

事例２：放浪

二七歳の大地（仮名）は、一年間にわたる海外旅行をしてきて疲れたと専門外来にやってきた。「私も精神科医になってすぐに半年間海外を放浪したことがある、今でもその時の楽しい思い出が残っている、君は一年も海外を放浪できたなんて羨ましい」と、私のいつもの体験談から入った。ところが「何もいいことがなかったですよ」と彼は不満げに答え、なかなか会話に乗ってこなかった。

彼は、大学卒業後大阪の会社に就職したが、同僚とうまくいかず転職を繰り返していた。普通には働けないと思って、コンピューターを一台携えて海外に旅に出たとのことだった。会話が苦手だったので、旅先では誰とも話さずに旅を続け、自分で撮った観光名所の写真に、パンフレットを参考に説明文を加え旅行社を中心にネットで投稿していると随分とお金になったと答えた。それでどのくらい稼げたのか訊くと、「約一千万です、疲れました、誰も話し相手を作れなかったので」との返事が返ってきた。羨ましく思い、「私の場合は、日本でアルバイトしたお金が続く限り旅をしただけで、時計から雨傘まで売っての貧乏旅行で、しかも、私の目的は半年間日本人と話さないで旅することだった」と説明した。すると、彼は納得がいかないようで、「日本では友達ができないので、せめて海外で友達ができるかなと思ったのに」とため息をつくのだ。私は一人旅が理想だと言うと、彼はその言葉を否定し、「一年間、写真を撮ってはホテルに戻りコンピューターと向かい合って、お腹がすくとスーパーに食べ物を買いに出る毎日の繰り返しで疲れました」と表情を暗くする。「誰とも話さずの一年間、さすがに疲れました。もう二度とこんな旅はしたくありません」と言うのだ。

そこで、放浪の話を切りあげて、何故、病院へ来たのですか、現在の悩みは何ですかと本題に入った。すると彼は、「ここはひきこもり専門の病院と聞いた。日本で会社勤めがうまくゆかず、ひきこもっていて、海外に出たのですが結局ひきこもりと変わらない生活が続いたので相談に来ました」と訴えた。それで「今、君は何かしたいことがあるのですか」と訊くと、「とにかく肉体を酷使したいです、ホテルで部屋に閉じこもっていてばかりで、身体を使うことがなかったので……」と答えた。

こんな会話が続いた後、彼の生い立ちや性格特徴の詳細を訊いていった。

発達障害をもつ人は体を鍛えようとよくジム通いをするので、ジム通いを勧めたが、結局彼は、人と話すのはショートケアで、そして、肉体の酷使は建設現場で働いてみるということになった。予想に反し、建設現場での仕事を半年以上続けたのち、もう少しコンピューターの技術を身に付けたいと、日焼けした顔と肉体を携え専門学校に入った。彼は、仕事は一人の環境でしたいのでネットで、そして、友達は少なくていいのでリアルで作りたいとの結論を下した。

二〇一五年二月一九日、その第一回目の討論会はプチ家出の家の開設を記念して、「ひきこもって生きることは可能か？――ネット時代の新たな生き方を探る」をテーマに選んだ。この時は三二名が参加した。そして、パソコン一台持って世界を放浪してきた前述の大地をゲストに迎えた。私が彼の簡単な略歴とともに、私の言う「外ひきこもり」の代表的な人物だと説明して、討論会がスタートした。

話し合いが始まると、彼は初めての参加なのに堂々と話し始めた。

「僕はパソコン一台持って一年間世界を旅してきました、海外に逃避してホテルとレストラン以外では誰とも話さずに一年間過ごしてきました……」

彼の説明がひと段落ついたところで、

「そんな理想的な生活をしていたのに何故帰ってきたの、お金が無くなったの」

と、達夫（仮名）から質問があった。

「貯金は一千万ほどできました、お金には不自由しませんでした」

へーと、皆から溜息交じりの声が上がった。

「疲れたからです」

参加者は、彼が海外での生活に疲れたと思い納得した。

「言葉も話さずにどんな仕事で稼いだの」

「旅先で写真を撮り、ネットで情報を集め数か所の旅行会社に広告を提供し稼いできました。私が提供した旅行情報に一回アクセスされたら何円か入ってくる」

「ああ、アフィリエイトか」

「そうです」

アフィリエイター、私にはよく分からなかったが、彼が外来を受診した時、世界を自由に旅し、煩わしい人間関係に巻き込まれずに理想的な生活を楽しんできたのに、何故私の元を訪ねてきたのか不思議に思ったことを思い出した。参加者も同じ考えだった。

「続ければいいじゃんか」

一人が言うと、

「もう疲れました、何も話さず旅をすることに疲れました」

と答えた。

「ネットで話せば」

別の一人が口を挟んだ。

「日本とつながらないと決めていました。それに誰かとつながると作品ができません」

ネットオタクで、最低限のアルバイトだけして満足している達夫が、

「分からないな、お金さえ稼げば、一千万あれば一〇年間好きなゲームをして遊んで暮らせる。僕なら何も悩まないな」

「人と話したい、でも話せなかった」

「贅沢だな、また旅に出るの」

と達夫、

「出ません、これから一年間肉体労働をしたいと思っています。工事現場で働きたいと思っています」

「そんなこと自分には理解できないな、肉体労働なんてとても僕にはできない、食べていけるだけの仕事をして、好きなゲームをすること以外は興味がないけど」

「でも、皆こんなに会話を楽しんでいるではないですか、会話を楽しみたいので、アミーゴの会に参加させてください」

「会話ね、好き勝手言っているだけだけどね。参加するのはいいと思うけど……」

皆が彼に対して理解不可能といった顔をしているので、

「アフィリエイターって言っていたけど、ネットでの仕事にはどんないいことがある？」

と私が話を変えると、順雄（仮名）が、

「ネットでは、その日にやった仕事を送るときに確認がしやすい、付け加える説明も言葉とは違って緊張しないので正確にできる」

「ミスを怒られても、あまり堪えないな」

「相手が怒ったら、切断したらいい」

「ネットでの仕事をしたことがないが、雇い主が僕を必要とするなら、また仕事を送ってくると思う」

「それに余分なくだらない会話はしなくてもいい」

「アフィリエイターだと結果が、お金ではっきりと出るし」

こんな意見が次々飛び出してきた。

私が、

「若者の支援事業団でホームページ作りをやっている人もいるが」

と裕（仮名）の顔を見ると、

「注文を取ってくるのは社長です。とても僕には注文を取りに会社訪問はできない」

すると、いつも冷静なフリーのプログラマー、達夫が、

「若者の働き方は変わってきた」

と話し始めた。

プログラマーの達夫は、三年契約を更新しながら働いてきていた。三年間で一つのゲームソフトを開発するチームが結成される。新製品が開発されるといったんそのチームは解散する。そして、新たなゲームソフトの企画が立ち上がると再度社員の募集がある。再雇用の繰り返しで生計を立てていた彼は、四〇歳に近づこうとしていたとき、ＮＰＯに参加したいとやってきた。ゲームオタクは多いのだが、彼のようなプログラマーは貴重な戦力となる。ただ何故私たちの元を訪れたのか不思議だったので、この機会にと話を訊いてみた。

「これまでは不満と言ったら、難解なゲームを作らせてくれないことでした」

「凝ったゲームほど若者はそのゲームの攻略に燃えるので喜ばれるのでは」

「確かに、すごいゲーマーはそうです。ただそんな人はごく一部です。会社が求めるのは多くの人に売ることです」

確かにその通りだ。

「三年ほどで皆が終了できるゲーム、三年間で飽きてもらわないと困ります。次のゲームソフトが売りに出せません」

「なるほど三年で飽きさせる。そして新たなゲームを作り、若者からお金を吸い上げる」

「会社なんてそんなもんです」

それでも、今後もゲームソフトの開発は続くし、今後も雇用されることはまず間違いないという。

「貯金も貯まったと思うし、やれるところまでやったらいいのとちがう」

「それはそうですが、最近、これでいいのかと思うのです」

他の仲間は羨ましい悩みだという。

彼は続けた。

「いつまでやれるか多少不安はあります。それよりもこれでいいのかと考えるようになったのです」

彼は一定の時間だけコンピューターに向かい、全体を教えられることもなく、自分に与えられた部分にのみ集中して仕事を行う。例えば、彼の使命がゲームの速度の調節であれば、速度のことだけを考えればよいのだ。そして帰宅する。会社や家では誰とも話さない。彼はゲームで人とつながることが好きではなかった。

ゲームをすることはあるが、あくまでもゲームは仕事のためだ。

「何故、ここに来たのかというと、人と話すためです。顔を突き合わせて話す仲間が欲しかった」

大地と同じ悩みが語られた。

こうして彼は、イエス、ノー型思考ができない私の元にやってきた。そして、その一年後、彼は善悪すべてを含み持つマヤ文化を知るために私たちと旅立つことになった。イエス、ノー型思考とは異なる世界へと旅を開始した。

（注8）ウェクスラー成人知能検査（Wechsler Adult Intelligence Scale、略称ＷＡＩＳ、ウェイス）は、一六歳以上の成人用に標準化された、ウェクスラー・ベルビュー知能検査（一九三九年）の改訂版として、一九五五年二月に出版された、知能（ＩＱ）を測るための一般的な検査である。全検査ＩＱは、言語性検査と動作性検査から構成されている。中でもＷＡＩＳ－Ⅲは、七言語性検査と七動作性検査の、計一四下位検査から成っている。二〇一八年には最新のＷＡＩＳ－Ⅳが出版された。

第三章

ひきこもり回復支援の楽しさ

1　ひきこもり回復支援プログラム

これまで著した二作で、ひきこもり回復支援プログラムについて詳しく書いてきたので、ここでは簡単に説明する。

和歌山大学での二〇年にわたるスチューデント・アパシー（学生無気力症候群）やひきこもり研究を基礎に、二〇〇二年にひきこもり回復支援プログラム（表7）を作成した。それ以来、大学や病院、そして、NPOヴィダ・リブレでこのプログラムを実践し、ひきこもる若者の支援活動を展開してきた。以下が、そのプログラム概要である。

ステージⅠ（導入期）

表7　ひきこもり回復支援プログラム（宮西ら，2002）

ステージⅠ（導入期） ○家族へのプログラムの具体的な説明。 ○メンタルサポーターの派遣 （週２回，１回２，３時間）	○ひきこもり相談（精神保健福祉センター，保健所，NPO ヴィダ・リブレ in 美浜，他） ○ひきこもり専門外来。 ○専門家による訪問診察，訪問相談。密室状態化した家庭に，第三者が入る必要性。苦しみを共感できる仲間（メンタルサポーター，他）の面接時の同席や派遣。
ステージⅡ（治療期） ○薬物療法，個人精神療法。 ○家族療法，親の会。	○一歩踏み出すために，一時的に医療的な後押しの必要性。 ○家族支援。
ステージⅢ（仲間作り） ○居場所（安心して群れる場）。	○１～２か月はメンタルサポーターが同行する。 ○集団精神療法（10 ～ 15 人）→自助グループ（アミーゴの会 in 美浜，他）への参加。ソーシャルスキル，コミュニケーション能力を高める。
ステージⅣ（社会参加） ○先輩の後姿をみて社会参加への準備。	○ボランティア活動（感謝される喜び）。 ○アルバイト体験（失敗の勧め），就労支援（ひきこもりは近未来の就労の在り方を提示）。

ほとんどの場合、まずご家族が相談に訪れる。ひきこもっている若者と会うには工夫が必要だ。そこでプログラムの全体像を丁寧に説明することからスタートする。具体的な方策があることが上手く伝わると、ひきこもり状態から脱することに失敗し、絶望感にとらわれていた若者が診察や相談に応じるようになる場合が多い。特に、同じ苦しみを経験しているメンタルサポーター（アミーゴ）の話は、家族を安心させ、同時にひきこもる若者にかすかな期待を生じさせる。さらに、ひきこもる子どもへの具体的な家庭での対応を説明する。重要となるのは、家族関係や家庭での状況を聴き、彼らの家庭内での役割を探すことだ。母親が忙しい時に、彼らに、ご飯の支度や、祖父母にお茶を出すことなどを担当してもらう。母親の外出も必要だ。一人で放ってお

くのが心配だという母親が多いが、むしろ逆だ。親の期待を裏切っていることで、申し訳ないとの思いで押しつぶされそうな彼らの肩の荷を少し軽くする。何よりも感謝される体験が重要だ。それまで「何々しなさい」とばかり言われてきた彼らの気持ちを和らげる。その結果多くの場合、彼らは診察や相談場所の駐車場までやってくるようになる。そのときが治療関係をスタートさせるチャンスだ。

病院の「ひきこもり専門外来」では、誰にも会わずに診療を受けられるように配慮した。さらに診察は、車から外に出て来られないひきこもり者のために、車の中でも応対している。せっかく親と一緒に目的地まで来ても、最初は車の中から出て来られない人も多い。長年、ひきこもっている人たちの中には、診察を受けないまま、自分の状態を客観視できずにいる人たちが数多くいるのも現実だ。これまで「社会的ひきこもり圏」のタイプの半数は、回復支援プログラムに参加してショートケアなどで仲間ができると、仲間と共に就職活動し専門資格を取ることが可能となる。きっかけと、個々の特性に合った支援をしてあげられるかどうかにかかっている。このように、私は「彼らとの出会いは駐車場で」をモットーにしている。

駐車場にも出てこれない場合には訪問を考える。一〇年以上ひきこもっていた三〇代後半の男性は、往診で「未治療の統合失調症の可能性が高い」と判断された。病院の訪問看護チームのアウトリーチにより、一年以上もかかったが入院治療を受け、今は、ひきこもり状態から抜け出して買い物もできるようになり、障害者枠での就労段階にまで至った。このケースのように治療への導入まで長期間要しても、統合失調症の診断がつくと、数か月間で治療が軌道に乗ることも多々ある。しかし、訪問はあくまでも最後の手段である。どうしても訪問せざるを得ないときは、精神科医や精神保健の専門家が、数回家庭や下宿を訪問して正確な精神状態を把握し、社会的ひきこもりと判断した場合に限りメンタルサポーターを一回約二時間、週一、二回派遣する。サポーターは、同じような苦しみを経験した先輩だ。このサポーターのことを、スペイン語のアミーゴ（心をゆるせる仲間）と呼んでいる。もちろん最初の訪問で本人に会えることは少ない。しかし、密室化し、緊張状態にある家庭に第三者が入ること自体に意味がある。ここで家族、特に母親と話すことからスタートする。彼らの語る経験が母親の心を動かすきっかけとなるのである。

ステージⅡ（治療期）

社会的ひきこもりの治療は、この次のステージⅢで挙げる集団精神療法と仲間作りが中心となるが、それと並行して個人精神療法や薬物療法を行う必要がある。ひきこもりの遷延化に伴い、不安、抑うつ症状、そして、対人恐怖症状から関係・被害妄想に至る多彩な精神症状が出現する。そのため、ひきこもり状態から一歩踏み出す際に一時的な薬物療法が効果を発揮することも多い。

多くの家族は、それまでひきこもりは病気でないと説明されている。それで、薬物治療の必要性を告げると、ご家族が不思議がることも少なくない。ひきこもり者は長年のひきこもり状態から一歩踏み出す際に、強い不安や緊張感に襲われる。それを緩和するには、薬物治療が不可欠であることを説明する。ただし、薬物治療に際しても、ひきこもり期間により細やかな対応が必要だ。

まず、六か月前後までは、不安と救済への期待の中で苦しみ、悩み、抑うつ状態にあることが多い。家庭にいったん撤退し十分な心身の休息が必要となる。必要に応じＳＳＲＩ（注９）を中心とした抗うつ剤による治療も行う。

ひきこもり状態が二、三年続くと、学校や社会への復帰に失敗し、失意の中で普通になりたいともがき苦しみ、世間体を過度に気にして身動きがとれないでいる。こんな生活をしている自分はダメなやつだというように、自責の念や焦燥感が強くなる。その憤りがつのり家庭内暴力へとつながることも多い。二〇一五年にひきこもり研究所ヴィダ・リブレでひきこもり相談を開始したが、最初の一年間に相談に訪れたのは二一名（男性一八名、女性三名）で、平均年齢二四歳（一三歳～五八歳）、平均ひきこもり年数四・八年、そしてその内の一二名（五七％）に家庭内暴力が見られた。不安や抑うつ、感情コントロールが困難な状態が出現する。しかし、この時期にみられる家庭内暴力などの、唯一の依存対象である母親への攻撃性は、精神科医や精神保健の専門家が関与する好機でもある。この時期の薬物治療としては、それぞれの精神状態に応じ抗不安剤、抗うつ剤、少量の抗精神病薬や感情安定剤が必要となる。ひきこもり期間が二、三年から一〇年になると表面的には安定期に入る。ともすれば、家族はこの平穏さを壊すことを恐れる。本人も、このままでいるほうが楽、しかし、このままで将来は……、とアンビヴァレントな気持ちの間で葛藤し苦しんでいる。薬物治療としては、不安を和らげるとともに、無気力状態にある彼らの後押しをするＳＮＲＩ（注１０）を中心とした抗うつ剤を用いることが多い。

一〇年以上経過し、安定した状態を揺るがすのは、親の老齢化やその結果生じる経済的破綻である。何一つ問題解決への現実的な対応が思い浮かばず、強い不安、抑うつ状態、ホープレスな状態に陥っている。それで、まず親御さんへの精神保健・福祉関係者の関与が強く求められる。それに続いて本人に対する治療的な関与が必要となる。

ステージⅢ（仲間作り）

メンタルサポーターを中心に、臨床心理士や精神保健福祉士（PSW）が担当する。集団精神療法や仲間作りを導入する段階だ。集団精神療法には必ずメンタルサポーターも二名参加させている。自分の気持ちを言語化する、また、対人スキルを磨く場であり、ロールプレイング、SST、芸術療法などの技術が役立つ。

その後、自助グループやアミーゴの会などの居場所に参加するようになる。NPOには、なんでもありの溜まり場として利用してもらうために「プチ家出の家」を設けている（第五章参照）。居場所での日常的な活動の他に、二、三か月に一回の料理会や一年に一回、先輩やゲストを迎えての青空討論会を実施している。ここでは仲間との対話が中心となる。自助グループは、和歌山大学で一九九三年に「老賢人会」として結成され、二〇〇三年には「アミーゴの会」に名称を変更している。現在NPOでは「アミーゴの会in美浜」として活動している。またNPOでは「マヤ文明を語る夕べ」を定期的に開催するとともに国際ボランティア活動も展開している。マヤ文明はあくまでも私の興味対象だが、国際ボランティア活動を通して、対人関係が苦手な、ひきこもっていた若者が外国人だと話しやすいことも分かってきた。アミーゴの会での一般の方を巻き込んでのこれらの活動は、ひきこもりに対する理解を深めると同時に、活動の幅を広げる良い効果ももたらしている。

ステージⅣ（社会参加）

夢物語であってもいい、彼らの言い分に耳を傾けなければならない。ただし、彼らが、自己主張するためには、家からの経済的自立が前提であることを伝える。いずれ彼らはアルバイトやパートの仕事をやってみたい、専門学校に行きたいなどと希望を述べるようになる。この時、子どもがこれまで繰り返してきた失敗を思い起こし、親は否定的になったり、あるいは逆に、自分の仕事や楽しみを犠牲にして子どものために尽くすのだと、悲壮な決意を持ち応援しようとすることがある。このことは子どもの社会参加をかえって遅らせる。仲間作りによって彼らは確実に変化している。それで、私はアルバイトでまず三回失敗してこい、と言って彼らを送り出す。失敗体験は彼らをさらに成長させる。もちろん、すぐに理想的な仕事は見つからない、まず、短時間の仕事や支援付き就労からスタートさせることもよくある。そのために、そこからは就労支援の専門家に委ねることも多い。最近は、若者の就労支援の事業所やハローワークでの支援が充実してきた。しかし、社会参加時には新たな環境下でのストレスによる症状の再燃や一時的な悪化が必ず出現するため、支持的な見守りと治療的関与による後押しが重要となる。

康夫（仮名）は、「三回失敗しろ」を忠実に実行してくれた一人だ。彼は有名な私立高校で三年時より不登校となった。医学部の受験を試みるも失敗、三年間予備校に通おうとチャレンジしたがかなわず、対人関係の苦手さが予備校に通えない原因と自覚し、人数の少ない塾とか、図書館で一人勉強しようと試みたが勉強に集中できず次第にひきこもり状態になった。そして、人との距離がつかめない、対人関係が苦手だと訴えひきこもり専門外来を受診した。彼はショートケア参加後もなかなか仲間と打ち解けられないでいた。討論でも理想的な答えを繰り返す優等生だった。受験勉強をしなければと焦るが身が入らず、ショートケア以外では外出できない状態が続いた。ショートケア参加後、二年が経過した時に、私は、彼の医学部進学の熱い思いを知りながら、あえて、将来、医学部に入った際に役立つ他の学部への進学を勧めた。康夫は、私学の理学部生物学科を選んだ。見事に合格して一年間は生物の授業が楽しいと頑張っていたが、同級生や大学に馴染めず、また他の教科に興味が持てず再度ひきこもり状態となった。それからの彼は、自分は特別だとの意識が和らぎ、仲間と打ち解け親しく話すようになり、友人も一人できた。そして、一年後に、医師になりたいという夢は捨てられないが、学校で苦しんだ経験を生かして教師になるのもいいなと言い始めた。「先生がいつも言っているように、三回失敗するのにはもう一回失敗する必要がありますね」と、笑いながら国立大学の教育学部を受験した。またしても見事に合格し、不登校の子どもをサポートするボランティア・サークルに参加するようになった。遠方から専門外来の受診を続け、そのたびにショートケアの仲間たちとの交流も続けた。三回生時より、再度医学部の受験を考えるようになったが、まず卒業だけはするように指導した。大学の卒業は大きな自信となるからだ。卒業が決まると、試しに医学部を受験させてくださいと訴えたので、私は「失敗しても教員免許もあり食べていくことに不自由はないから」、と彼に選択を委ねた。無事合格したのは、彼が三三歳の時だった。まず親と経済的な問題を具体的に相談させた。さらに、挫折を心配する母親に、これまでの失敗の積み重ねと大学を卒業した成功体験により、彼が確実に変わったこと、成長したことを説明した。

三三歳からの出発は別に遅くはない。康夫の描く医師像も現実化した。本来の目的をやっとつかんだのだ。

2　疾患別の治療やサポートの流れ

ひきこもりの症状の多彩さと鑑別の重要性

ひきこもりは現代社会、つまり過剰な競争社会への不適応現象として登場した。その背景には多様な病態が潜むことは早くから知られていた。その病態の正確な把握と、緻密な対応が求められる。病態の把握の遅れがひきこもりの長期化の一因であることは確かだ。具体的には統合失調症の自閉状態、うつ病の意欲の減退、ASD（自閉スペクトラム症／アスペルガー症候群）を代表とする発達障害の社会への不適応状態、社交不安状態、そして、回避性人格障害を主とした人格の問題などが挙げられる。

ここで背景に存在する代表的な疾患についての治療やサポートの流れを簡単に説明する。

統合失調症の場合

① 家族相談時の注意

すでに述べてきたようにひきこもりの治療では、薬物療法を必ずしも必要としない。しかし、統合失調症の存在が疑われる場合、薬物治療への導入を視野に入れて家族相談に取り組む必要がある。

② 訪問の注意

精神保健の専門家の訪問が不可欠となる。安易にサポーターを派遣することは双方にとってプラスに作用しない。そこで、病院からの往診、保健所や市や町の保健師による訪問、そして、精神科で看護経験のあるスタッフを有する訪問看護の専門事業所に依頼することも視野に入れておく必要がある。初期から保健所のこころの相談の利用を勧め、訪問に際して保健所と連携して行うことも重要となってくる。訪問刺激による統合失調症の症状の悪化も考えられるので、最悪の場合には入院治療も考慮しておく。

③ 治療の注意

すぐに薬物療法に入るのではなく、他の病理を抱えるひきこもりと同じく、ショートケアや集団精神療法から入ることを基本としている。治療者との人間関係が成立した後に薬物療法の必要性を伝えると、病識が乏しい場合も薬物治療を受け入れてくれやすくなる。可能な限り途中から専門家スタッフが多い精神科リハビリ（デイケア）を導入するのが望ましい。統合失調症に対する精神科リハビリは、日本では非常に発達している。

④ 進学・就労支援の注意

すべてのひきこもる親に対して共通するが、過度な期待は回復のさまたげになることを忘れてはならない。基本的には病院での就労支援の専門家や障害者職業センターにつなげ、まず作業所や障害者枠での支援付き就労へとつなげてゆく。障害者枠での就労で自信をつけて、一般枠に移行することを原則とする。

発達障害の場合

① 家族相談時の注意

家族相談が特に重要となる。家族の情報が診断の決め手になることも多い。受診環境が整っていれば、家族に連れられて、あるいは、最初から本人が一人で受診する場合も多い。二〇歳以上の若者では、仕事に何度か失敗し、インターネットで情報を調べて発達障害を疑い、相談に訪れることが多い。この時は、専門家による心理テストからスタートすると、スムーズに通院や相談を継続することが可能となる。心理テストは就職支援など、その後の支援にも役立つ。また、家庭や仕事場などでのトラブルで興奮し、警察に連れられ受診するケースが最近多くなってきている。この時に誤って、統合失調症などの精神病と診断されていることも多いので注意が必要だ。急性精神病様症状は一過性で、適切な治療とケアですぐに消褪する。

② 訪問の注意

訪問が不要のことが多い。ただ不要な訪問を少なくするためにも、初回の診察や相談で、回復までの治療や支援プログラムを明確に伝えることが重要である。少なくとも数回の診察や相談によって、発達障害が背後にあり、それまでの大学や職場での人間関係での困難さや、生きづらさが生じていることが明らかになる。そのことを明確に伝えると、スムーズに治療や支援に導入することができる。その際に、心理テストを用いての説明がより理解を容易にする。彼らの多くは、対人関係での困難さを強く感じていて、その原因を探ろうと自己分析している人が多い。専門家による数値を用いての具体的な説明は、彼らが抱える障害の本質を正確に把握させ、それまでの社会での適応の困難さの理解へと導く。

③　治療の注意

最初はショートケアや集団精神療法に入ることに抵抗を示す人が多い。外来での個人精神療法やカウンセリングで、治療者との関係を深めてから、ショートケアや集団精神療法に導入することを基本としている。彼らが苦手とするコミュニケーション能力や対人スキルを高め、さらに、その背景にある認知の偏りを修正してゆくには、ショートケアやアミーゴの会での、対話や仲間作りが不可欠となる。

④　進学・就労支援の注意

学習能力の偏りや就労適性を正確に掴んでおくことが重要となる。それにより、現在の学業を続けるべきか、学部を再考すべきか、あるいは、最近増加しつつある、専門家を配置した発達障害に特化した就労支援の事業所の利用を勧めるなど方針が立てやすくなる。障害者職業センターや若者の就労支援事業所のジョブカウンセラーの支援を受けて、性格特性を明確に掴んだのち職種を選んだり、障害者枠での支援付き就労から緩やかにスタートすると、それまでの失敗が嘘のように仕事を持続することが可能となる。そうすると、彼らは就労に早くからつながりやすく、一般枠での就労への移行も早くなる。

社交不安障害／社会恐怖障害の場合

年少者のひきこもりの背景に社交不安障害が存在することが最近問題視されている。ひきこもる若者も強い社交状況での不安に悩まされていることが多い。社会的ひきこもりの中核群といえる。

社交不安障害とは、人前で話をしたり食事をする、また、文字を書いたりするといった社交状況で不安緊張が強くなり、そのために仕事や社会生活が妨げられ、また耐え難い苦痛を感じている状態になるこころの病を言う。

強い不安を感じる場面として、最も多いのが「見知らぬ人や、少し顔見知りの人との会話」と「人前での発言・スピーチ」、次いで、「権威がある人（社会的立場が上の人）との面談・会話」、「会社で電話をとる」、「受付で手続きをする」、「人前で文字を書く」、「人前でご飯を食べる」、「会食やパーティーに参加する」などだ。彼らはこのような場面で、さまざまな症状が身体に現れる。強い不安を感じる、強い緊張を感じる、頭が真っ白になり何も答えられない、声が震える、声が出ない、手足の震え、めまい、動悸、口が渇く、赤面する、汗が出る、吐き気がする、胃のむかつき等の症状がある。こうした強い不安を避けるため、また、その不安な状態を人に知られたくないと考えるあまり、周囲の人々との接触や人前での活動を避けるようになり、日常生活に支障を及ぼすことになる。前述した症状が慢性化すると、うつ病やパニック障害などを併発する危険性がある。症状はパニック障害と似ているが、パニック障害が「死」や「精神的におかしくなってしまうこと」に対する強い不安であり発作的に症状が発現するのに対し、社交不安障害では「人」や「社交場面」に対する強い不安であるのが特徴だ。

その背景に、自分は変なことを言っているのではないか、その場に相応しくないことを言って恥をかかないか、と言ったように他人に辱められることに対する強い不安が存在する。内気な性格と違って、単に知り合いのいないパーティーを怖がるといったものではなく、社交状況においてほぼ毎回、動悸、下痢、発汗、時にパニック発作といった不安症状が生じてしまうのが特徴だ。

生涯有病率は三〜一三％と言われていて決して稀な病気ではない。五歳以下など世代を問わず発症するが、特に一五歳頃の思春期に多く、一般的な不安障害の中で最も発病年齢の低い病気と言われている。その一方、三〇から四〇代あたりに管理職につき、人前で話す機会が多くなり発症するといったケースも珍しくない。

診断基準の変化とともに、日本特有の文化結合症候群と言われてきた対人恐怖の概念と似てきつつある。二〇〇八年に日本精神神経学会は、「社会」から「社交」へと訳語を変更した。それまでのＤＳＭ‐Ⅲでは社会恐怖とされ、ＤＳＭ‐Ⅴでは社会恐怖と社会不安障害の併記とされている。

治療の基本は認知行動療法だが、ＳＳＲＩが著効する。同じく社交状況を避けようとするこころの病には回避性パーソナリティ障害や広場恐怖症などがある。回避性パーソナリティ障害では、社交の回避は早期からはじまって持続している。広場恐怖症では回避は社交状況だけでないのが特徴だ。また、限局性恐怖症も社交以外の状況で回避が生じ、うつ病では意欲や興味の減退によって社交状況から退いている。

私は社交不安障害の評価をするのにリーボヴィッツ社交不安尺度（日本語版ＬＳＡＳ‐Ｊ）を使用している。

① 家族相談時の注意

ご家族が、ほとんどの場合は母親が相談に来ることが多い。しかも、それまで何回か他所で相談し、あるいは精神科を受診したが効果がなく、私の専門外来受診までは平均六年以上、ＮＰＯでも二年以上の長期間ひきこもってからの来所が多い。そのため、ここでもダメかなと半分諦め気味か、あるいは、これが最後のチャンスだと悲壮な雰囲気を漂わせて相談に来る家族がほとんどだ。相談時に大切なことは、具体的に私たちのひきこもり回復支援プログラムを説明し、一か月や二か月で解決する魔法は存在しないが、二、三年で八割の若者がひきこもり状態から、何らかの出発をしている事実を具体的に伝える。その際、相談者の子どもに似たケースを例示して説明するようにしている。回復する可能性があるのだと安心してもらえるかどうかに、私たちのプログラム導入の成否がかかっている。特に中高年のひきこもる子どもを抱える家族の場合は、親御さんの経済状況や病気について詳しく尋ね、家族の不安の解消など家族のケアからのスタートが大切となってくる。

中核群の社会的ひきこもりの治療では薬物療法を必ずしも必要としない。しかし、長くひきこもっていると外出時や社会参加時に、当然のことながら不安緊張感が強くなる。その不安を軽減することなく一歩足を踏み出すことは困難なことが多い。それで、場合により一時的に薬物治療による後押しの必要が生じることを、最初に伝えておくようにしている。

②　訪問の注意

すぐに訪問を考えるのでなく、診察環境を整えることが先決だ。他の人と顔を合わさずに相談や診察できる環境が大切である。完全予約制は必須である。私たちの取り組みがうまく伝わると、家族と車で駐車場まで出てくるようになることが多く、駐車場での相談や診察を行うこともいとわない。

最後の手段として家庭訪問となるが、その際には、診断の重要性からまず専門家の訪問が必要となる。その後、ピア中心のメンタルサポーターの派遣となるのだが、それまで家族から得た情報から、年齢や性別はもちろんのこと、趣味などを可能な限り配慮することが必要だ。

③　治療の注意

最初から個人療法にこだわらない。自分は病気でないので精神科医の診察は必要ないと主張する者が多い。そこでまず、同じ苦労を共有する仲間と話せるショートケアやアミーゴの会に導入することが多い。基本は、対人関係の苦手さや、コミュニケーションスキルの改善を目的とする集団精神療法や仲間作りから開始するが、個人精神療法による長期的視野に立った精神面の強化を並行して開始することが必要だ。

④　進学・就労支援の注意

仲間との対話が可能となり、仲間とショートケアや居場所以外へ足を踏み出し始めると、社会参加への準備に入る。彼らのほとんどはソーシャルスキルが未熟だ。大学や専門学校への復学や進学を希望する者には、個人相談を重ねて適性や経済的問題を現実的に検討させる。アルバイトで失敗経験を重ねさせた後に、進学させることが多い。就労意欲が少し見られるようになると、普通は、若者の就労支援を目的とする事業所に紹介する。長年ひきこもっていて経験がない者が、すぐに毎日八時間働くのは不可能だ。そこで、二年くらいで働くためのスキル、専門的な技術を身に着けさせてから就職させる。ここから、一般枠と障害者枠での就労に分かれる。最近では、障害者枠での就労への抵抗が減じ、一時障害者枠で仕事に就き二、三年後に自信がついてから、またこの期間に資格を取得してから、一般枠で働くようになる若者も多くなった。

ひきこもりに対する薬物治療

薬物療法に関しては多くの専門書が出ているので、ここでは社交不安障害に対する薬物治療を簡単に付け加えるにとどめたい。

ひきこもり回復支援で薬物療法はあくまでも一時的なものであることが多い。すでに述べたが、不登校やひきこもり状態の初期には、再度、登校できるのか、あるいは社会に出て同年配と同じ普通の生活ができるのかといった強い不安状態に陥る。それがある程度長引くと、自信の喪失や皆に遅れてしまった失望感から抑うつ状態に陥ることが多い。まず休養と支持的な精神療法、家族の対応の仕方への支援から入る。うつ症状が強い時には抗うつ剤が有効である。基本的には少量の選択的セロトニン再取り込み阻害薬SSRIが基本薬物となる。一方、三年以上の長期のひきこもり状態では、家庭内での暴力や家族への攻撃性が低下し、今のままのほうが楽だといった、いわゆるひきこもり生活での安定状態になる。その時の彼らの精神症状は意欲の減退や将来に対する不安感が強くなってくる。この時に、不安や意欲の減退に効果的なSNRIを使用することが有効である。

コラム

社交状況を恐れる男性——オス優位社会のチンパンジー、メス優位社会のボノボ

チンパンジーとボノボに関する面白い研究がある。チンパンジーは攻撃的・競争的であり、一方、チンパンジーと同属のボノボは寛容的・親愛的で、同族間で何らかの緊張状態になると、相手とのコミュニケーションによってそれを緩和するスキルを持っていることが知られている。また、チンパンジーはアイコンタクトを避けるが、ボノボはチンパンジーよりアイコンタクトが顕著に多い。何故なら、攻

撃性を必要とする支配ヒエラルキー社会では、攻撃性から身を守るため、アイコンタクトを避けることを求められるからだ。発達障害や社交不安障害の人は、アイコンタクトを避け、安全行動をとりがちな傾向がある。日本のように、ひきこもりが男性に多い社会は、その社会が過度に競争的、かつ、支配ヒエラルキー社会であることを指し示すと考えられなくもない。男にとってつらい社会である。

3　ひきこもる若者との出会い

家族に連れられて相談に来る若者が多い。本人は不本意の来所と治療効果への疑いでなかなか口を開かない。家族はその場を繕いひたすらしゃべり続ける。私たちが黙っていると、親が私はいないほうがいいですかと、気まずい雰囲気を察して自分から出ていくこともある。そうすると若者も仕方なくしゃべりだすことが多い。

支援が成功するか否かは、最初の相談で「今までとは違う」と感じさせられるかどうかにかかっている。具体的な事例を提示することが説得力を増す。

若者が、「こんな奴もいるのか、彼でも回復できたのか」と感じ、そして、家族が「こんなひどい状態も、自分の子どもだけでなかったのか」と感じてくれれば成功だ。

最初の診察では、私はこれまでの悲惨な経験を聞き流す。若者は母親の中学時代のあの言葉が、自分の人生を台無しにした、……延々と親を責め取り返しのできない人生を嘆く。相談は、「それで今は?」から開始する。相談時の具体的な問題対処法は、拙著『ひきこもりと大学生』、『実践　ひきこもり回復支援プログラム』を読んでいただければと思う。

ここではアウトリーチでの、忘れることのできない若者との出会いについて数例挙げたい。

事例1：アウトリーチの醍醐味

次郎（仮名）は三五歳の男性だ。頚定は遅かったが、言語発達は問題なく、外で遊ぶのが好きだった。小学校では友達とよく遊んだが、先生から宿題をよく忘れる落ち着きがない子だと指摘されることがあった。しかし、成績はよく特に問題とならなかった。中学二年生頃から成績が低下し、親に遊びすぎだと叱責されたのを契機に時々不登校状態となり、一時、家庭内暴力も見られた。高校進学後は、美容整形をしたいと言って親を困らせたことがあったが、比較的落ち着き無事卒業して東京の国立大学に入学した。下宿をしてからは特別訴えもなく、大学を無事卒業して一時就職したが、突然帰省して、それ以来家族ともあまり話さなくなった。しばらくは、人目につかない畑で農業の手伝いをしていたが、次第に外出もしなくなり、自宅にこもりゲームをする日々が続き、何とかしなければと思っている間に一〇年以上が経過していた。

母親が五回相談に来てくれたので大体のプロフィールがつかめた。しかし、彼は研究所での相談には応じてくれそうになかった。そこで、母親に一度家を訪問してみましょうかと話を持ちかけてみた。本人は、会いたくないと言っているとのことだった。はっきりとした意思表示があった時は、訪問しないことに決めていたが、私は年齢が気になっていた。母親は、相談に応じてくれない焦りと、長くひきこもり家で安定している状態を壊すことの恐れとの両方で、気持ちが揺らいでいた。さらにそれから母親は二回相談に訪れた。私のことも母親からかなり彼に伝わったと思われ、会えなくてもいいからと訪問することを決めた。

その年は、珍しく雪が積もり、彼の住む山間の住居の付近にはまだあちこちに雪が残っていた。彼は二階の勉強部屋にいるとのことだった。三〇分間ほど母親と居間で話をした後、彼に何度か声をかけてもらった。会いたくないとの返事を繰り返すばかりだが、特に興奮している気配もなかったので、ドア越しに彼に声をかけてみることにした。

「宮西だけど、次郎君いる」

当然返事がない。

「一度、入らしてもらっていい」

やはり返事がないので、ドアを開けてみると開いた。鍵はかけられていなかった。

「急に押しかけてごめん」

と言い、簡単な自己紹介をしながら彼の背中を気にしつつ部屋の中を観察した。

その間も、次郎は、パソコン画面から視線を動かさずじっと座っていた。部屋を見渡すと整然と整理されていて、服装も現代の若者風のこぎれいなセンスのものだった。怒ったり、顔を隠したりする気配もなかった。母親からの情報と合わせ、まずは統合失調症の可能性は低いと判断した。机の上に同種類の缶コーヒーが五、六本、灰皿とたばこの吸い殻、片隅にギターが無造作に置かれていた。

缶コーヒーを見て、しめたと思った。それが私と少々関係があるレインボー・マウンテンだったからだ。

「コーヒー好き？　私は大好きで一日に二本は飲むよ」

私もレインボー・マウンテンが好きだと言うと、彼はパソコンから顔を私に初めて向けた。まず話のきっかけはつかんだ。成功だ。やや細面の顔で、口髭も若者らしく整えられていた。

「レインボー・マウンテンしか飲まない」

何故かと質問すると、

「おいしい」

とだけ答えた。話が続かないので、私とレインボー・マウンテンとの因縁について語ることにした。私にとって正真正銘思い出深いコーヒーだ。彼はコーヒーに詳しかった。レインボー・マウンテンがグアテマラから輸入したコーヒー豆を使っていること、七か所の高地の有名な豆をブレンドしたものであることも知っていた。その話しぶりからこだわりの強さや知的な豊かさが感じられた。

「実は、レインボー・マウンテンは、私のグアテマラ在住の友人が名付け、日本に売り込んだのだよ」

というと、彼は表情を変えた。私に明らかに興味を持ってくれた。

彼と次の訪問の約束もできた。グアテマラの民族衣装を特集した本を持ってくることを約束した。予想以上の成功だ。

「私の息子が家族以外の人と話したのは一〇年ぶりです。しかも、こんなに長く楽しそうに」

帰りの車の中で母親は興奮を抑えられないようだった。この瞬間が、アウトリーチの醍醐味と喜びを感じる時だ。これからだと気を引き締めながら自宅に戻った。

次郎の家は柿と桃を作る農家だった。三回訪問するうちに、彼は徐々に家の手伝いをするようになった。ただ家の手伝い以外は外出しない。母親はアミーゴの会への参加を勧めるが、全く応じないことに不安感を強めていた。一年間での経過としては、私はまずは十分だと考えていたがご両親の安心と次の展開を考えるため、九月中旬に四度目の訪問を実施した。何十年かぶりの強烈な台風が過ぎたあと、奥まった山では海に面した斜面の樹々がなぎ倒されていた。葉は塩害で薄茶色にきれいに枯れていた。すでに秋の稲の刈り入れが始まっていたが、倒れた稲は機械での刈り取りを拒むため、手作業を余儀なくされていた。

「今年は手での刈り取りが多くなり大変です。次郎にも手伝ってもらわないと」

母親は病気で体調を壊していた。その日も、彼は運転が危ないからと私を迎えに行くことに反対したそうだったが、無理をして私を迎えに来てくれた。私は車の運転免許を取ったことがない。それで大学で相談を受けていたころからひきこもる若者の訪問は、大学まで迎えに来てくれることだけを条件にしていた。もちろん下宿する大学生の場合は歩いて出かけた。

「年寄りが暑い中二〇分も歩いてきたので顔だけみせて」

が、その頃の私の決まり文句だった。

ひきこもり研究所ヴィダ・リブレ美浜を開設し訪問を開始した時、妻に送ってもらうことが多かったが、私はなるべく家族に車で私の送り迎えをしてもらうことにしていた。車での道中、近況を家族が話し、帰りに若者との話の内容を可能な範囲で家族に伝えることができたからだ。

半年ぶりに彼を訪問し出されたお茶を飲みながら、母親に、

「今日は部屋から出て話をしないかと声をかけてみてください」

と頼んだ。これまで彼は自室の中でのみ話をしてくれていた。

母親が部屋の前で声をかけると、驚いたことに彼は居間におりてきて照れ臭そうにあいさつした。台風の被害などの話をした後、ショートケアで取り上げたゲーム仲間とのオフ会に賛成かどうかのテーマ（第四章参照）を投げかけてみた。

「オフ会には賛成だけど、僕も昔何回か参加してみたけれど、オフ会に行こうとする中学三年生の子どもは男の子ですか」

と質問してきた。

「男の子」

「それなら心配ないですよ、両親が反対する意味は分からない」

「ショートケアのメンバーは反対が多かったが」

「確かに危険はありますが、物を無理に買わされたり、宗教の勧誘など。でも一日でどうってことないです。帰ってきて相手のことを親が訊いてあげればいい。親がついてゆくのは格好が悪い」

などと冷静に答えてくれた。

話が一段落した時、いつものコーヒーの話になった。相変わらずレインボー・マウンテンにこだわっていた。私は交通事故で高次脳機能障害になった仲間の太助君のことを話すことにした。

太助君はグアテマラ留学中に交通事故に会った。私はご両親と一緒に、すぐにグアテマラに飛び、友人のルベン医師や日本大使館の協力を得て病院を手配し、治療に当たった。意識が回復しない状態で日本に移送したが、約三か月後に奇跡的に意識を取り戻した。

彼はめきめき回復し、大学に復学し残した単位を取りたいと意思を表示するまでになった。高次脳障害を患った彼は、聞いたことを瞬時に忘れた。最初、試験的にキャンパス内での寮や教員のゲストハウスを利用し、自力での学生生活を考えたが、不可能なことが分かった。それで学生アパートを利用することとなった。まず母親と、母親が仕事の都合で一緒にいられなくなると、続いて妹さんと生活し、一人でトイレを使えるなど、ある程度アパートで自立した生活が可能となるとヘルパーさんに入ってもらった。やがて、ヘルパーさんが大学行きのバス停まで送り、私たちのサポーター・アミーゴがバス停で待ち受け講義室まで送った。授業は学部のサポーターが応援してくれた。太助くん応援プロジェクトはさまざまな課題をクリアし、彼は無事卒業までこぎつけた。しかも、卒業後はお米や野菜の有機栽培と直売、そして、珈琲店を経営し始めた。二〇一八年には私たちとグアテマラを再訪し、グアテマラコーヒーのフェアトレードを行うまでになった。

次郎はこの話に感動した。彼もネットでの農産物の直売に取り組むようになった。

事例２：夜の海での出会い

駐車場の車中での出会いが多いことをすでに書いたが、他にもいろんな場所での出会いがあった。ユニークだったのが夜の海での出会いだ。雄二（仮名）は二八歳の男性だった。母親が数回ＮＰＯに相談に来た。大学を出て二回公務員試験を受けたのだが失敗、それ以来就職活動はせずに家でひきこもっているとのことだった。しかし、よく聞くと最近夜に外出して二、三時間は帰って来ないということだった。

ある日、突然母親から夜の九時過ぎに電話が入った。

「息子の夜の居場所が分かりました」

息子の跡をつけてきたら、私の家の近くの浜辺にいることが分かったという。

「浜辺に来て、息子と会ってやってくれませんか」

「いいですよ」

と、安易に返事をして、妻の車で二〇分ほど走り海岸に到着した。暗い海岸沿いの歩道を歩いて約一〇分歩き砂浜に出た。

電話で二人の居場所を聞くと、海辺をさらに一〇分ほど北に歩いたところで月明かりを浴びて白く光る石灰岩でできた岩陰に身を隠した母親がいた。

「あそこに息子がいますのでよろしくお願いします。私はここで待っています」

というので、母親は私のことを彼に伝えていると思い、海をじっと見つめ波打ち際に座っている彼に言葉をかけた。

「今日は波が静かだな、ここで物思いにふけっているの」

と背後から声をかけると、振り返り、

「そうです、毎晩、ここで考えています。一人で海を眺めている時だけが心が休まります」

と驚く様子もなく静かに答えてくれた。

「私も海が大好き、最近は毎日のように妻と車で来て、二時間ほど話をして帰るのだよ」

そのあと話は自然に弾んだ。高校でのクラブ活動や大学時代の思い出、あっという間に一時間半が過ぎていた。母親のことが気にかかり背後に目をやると、一〇メートルほど離れた空き地に車をとめこちらをうかがっていた。

「また会おうや」

と、海の後方に広がる闇から視線をそらさない彼を一人残して、その日は母親に送られて自宅に帰った。

「何か話しましたか、長い時間取らせて、ご迷惑をかけて」

母親は心配そうに尋ねた。

「よく話してくれました。好青年ですね、ロマンティストじゃないですか」

などと、印象を伝えると。

「息子が黙っていたのではないかと心配していました」

と喜んだ。

海辺でのロマンティックな？出会いの後も彼はＮＰＯを訪れることはなく二か月ほどが経過した。彼が家に帰り余計なことをしたと怒ったのかと心配していると、母親から、

「病院を受診してもいいと言ってくれました、予約よろしく、特に心理テストには興味があると言っています」

との電話が入った。

心理テストを予約し、彼との診察が始まった。

どうしても病院のショートケアは参加しないと固執するので、ＮＰＯのアミーゴの会を勧めてみた。アミーゴの会での付き合いが始まって、驚く事実を知った。

ある日、彼が、

「浜辺で図々しく声をかけてきた変なお爺さんが、病院で白衣を着ていたのでびっくりした」

と言ったのだ。

母親が海辺で私が話しかけることを伝えていたと思い込んでいたのだった。母親は、怖くて言えなかったと後で謝った。それも今では不思議な出会いとして笑い話として話せるようになっている。

風呂場に逃げ込んだ若者にシャワーで水をかけられた後仲良くなったり、楽しい出会いが沢山あった。

老体だから手荒い歓迎は容赦願いたいが、これからも楽しい出会いが続くと信じている。

事例3：中高年ひきこもりのアウトリーチの難しさ

北風が吹き始め、暖かい南紀地方でも夕方になると、北風が肌をさすようになる一一月の初め、八年前からひきこもっているという五六歳の日出雄（仮名）の自宅を町の保健師さんと訪問した。彼の父親が定年後に東京のマンションを売り、地価の安い和歌山の地方都市に一戸建ての住宅を建て、趣味の菜園づくりを老後の楽しみにと一家で引っ越してきた。当初は両親と妹の四人で暮らしていた。

彼は小さい頃から機械いじりが大好きで、高校卒業後専門学校を出て自動車の部品工場で働いていた。母親によると、幼いころから一人遊びが好きで、人嫌いの大人しい子どもだったという。工場でもまじめに働き、車いじり以外は特に趣味もなく、母が進める結婚話に興味を示さなかった。父親の退職後、一人暮らしを嫌がり両親について暮らすようになった。転居して以後、働こうとしないので将来を心配した父親がブロック工場の職を探してきて、嫌々ながらも働くようになった。

一〇数年が経って父親が死亡、その時、不幸にも大水害で工場が水没し、一時、工場が休業状態となった。工場は再開されたが、彼は仕事に戻ることなく自宅にひきこもってしまった。そのうちに妹も死亡して母親と二人暮らしとなった。母親が仕事をするように言うと怒り始めるので、車をいじる以外は何もしようとしない息子を黙認してきた。それまで彼が働いて貯えた少しばかりのお金や母親の年金があり、衣食住には困らない生活を続けていた。母親はそんな平穏な生活を壊すのを恐れていたのだ。母親は八〇歳半ばを過ぎて、足腰が弱くなり買い物にも不自由するようになった。息子の老後を心配した母親は、ケアに来てくれていた介護士に息子のことを初めて相談した。彼のことが町の保健師の知るところとなり、私に訪問の依頼が来た。

その結果、私と母親を担当している介護士、ひきこもり担当の保健師の三名で彼の自宅を訪問することとなった。私たちの訪問を知って母親は家の鍵を開けてくれていた。その周辺は、老後、長年の夢であった一戸建てのマイホームを立て田舎暮らしをしようとする都会からの移住者が多く住んでいた。彼の家も夫婦用に建てられた、二間と台所と居間、トイレと風呂場がコンパクトにまとまった高台の下の平地に建っている門構えのがっしりした洋風の住宅だった。その薄暗い一室で、母親は横になっていた。私たちの訪問に気付くとゆっくりと体を起こし、しばらくベッドに座り呼吸を整えた後、杖を突いて台所まで出てきた。

母親の健康チェックに行くので、息子さんの健康チェックもどうですかと介護士が声をかけていた。血圧を測り、健康状態の問診が終わったので、母親に息子さんの最近の状態はどうですかと訊くと、シーっと口に手を当て言葉を制した。息子は隣りの一間で襖越しに息をひそめてわれわれの会話をきいているはずだ。

当たり障りのない会話から始めた。

「息子さんと一緒でいいですね、食事も一緒ですか」

私の言葉がなかなか通じない。するといつも訪問している介護士さんが、耳元で、

「お婆ちゃん、息子さんと一緒に食べているのかい」

と通訳してくれる。両脚の衰えに加えて耳もかなり不自由だ。

「息子は一緒になんか食べへん、食事を置いておくと一人で食べてる」

食事はヘルパーさんがお母さんに作ってくれたものや、少し追加して食べていることが分かった。

「お婆ちゃんは、お風呂はどうしているのですか」

「私は、サービスで入れてもらっている」

「息子さんはどうしているのですか」

「息子は自分で風呂を沸かして入ってるよ」

「週に何回ぐらいですか」

「毎日入っとるよ」

そこで、母親は息子が隣りの部屋で会話を聞いていることに気付き、襖の奥を窺った。息子さんが怒るのを気にしている。

とにかく、息子さんの日常生活をある程度把握したところで、もう一度、

「息子さんに、あいさつだけして帰りたいのですが」

と言ったが、母親がダメと顔を歪めて制したのでやめた。

その時、保健師さんが、

「来週水曜日にまた来るからね」

と言うと、

「来週は駄目だよ、お父さんの墓参りに行くから」

この言葉に私はもう少し息子さんのことを聞けると喜んだ。

「お父さんの仏壇は家ですか」

すると、寝ていた和室を指さしてくれた。

「お墓は近くに持ってきたのですか」

「遠くなので大変だ。高速道路を使って二時間もかかる、大きな道の傍の墓地なのでお父さんもやかましいと言ってると思う」

話が弾み、お墓参りに日出雄の運転で行っていることが分かった。帰りにお寿司でも食べてくるのですかと問うと、共同墓地から高速道路に入る手前に食堂があり、いつもそこで、母親がザルソバを食べ、彼が親子どんぶりを食べているという。さらに、食事の好みや時々夜にコンビニに買い物に行っていることも分かった。彼は人を避けているが、日常生活はかなり自立している。安心して第一回目の訪問を終えられた。

保健師さんと次回の訪問の打ち合わせをしながら、彼は五六歳、母親は足が不自由だが、市の手厚いケアが整っている。母親にもしものことがあればすぐに彼のケアに入れる。あえてこの平穏な生活を乱す必要があるのか考えさせられる。米国の大学では学生の半数以上が四〇歳を越えた社会人入学だ。私は、本当の人生の目標をつかめるのは四〇歳になってからだ、四〇歳が第二の人生のスタートの年齢だと言って支援を開始する。この言葉が果たして通じているのかどうか、特に五〇歳を過ぎた方の支援がどうあるべきなのかを考えながら、妻が車で待つ高台の下まで木々の葉が色づき始めた坂道を歩いて下った。

私ももうすぐ七一歳になる。終日、一人で部屋にこもり静かに本を読んで過ごすのをよしと考える年齢にとうになった、そのことを思い出さされた訪問だった。

事例４：暗躍する連れ出し屋

家土地を売ってでも、全財産を使ってでも子どもを治してやりたいと、外来で必死に訴えるご両親も多い。それが子どもたちにプレッシャーを与えているのだが。

そんな人の弱みに付け込んで、一儲けをたくらむ輩がどんな時代にもいる。

真一（仮名）は、地元神戸の国立大学休学中の二六歳の若者だった。ご両親が車で三時間以上も離れた遠方から専門外来を訪れた。経済的に恵まれた家庭だった。彼の場合、一時は予備校に通っていて、医学部の資料をたくさん取り寄せていたとのことだった。いつものように、生活状態のチェックから始めた。昼夜逆転。これは普通である。続いて食事や外出や部屋から出る状態。ひきこもっていても人目を気にしなくてよい深夜のコンビニなどにこっそり出かけていることが多い。真一の場合は、親との会話は全くなく、食事は親が部屋に運んでいるという。一緒に食べなくてもいいが、子どもの部屋に親が食事を運ばないように伝えた。次にお金である。小遣いを決めている家は少なく、子どもの要求に応じて安易に渡していることが多い。お金は子どもの言うままに、彼が紙に書き要求した金額通りに渡していた。入浴状況、等々、日常生活チェックを続けた。何年かの間に、突然空手を習い出したこともあったという。普通は訪問して、反応を確かめてから派遣するが、ご両親が焦っていたため、真一の近くに住むサポーターの一人を派遣することにした。もちろん会ってはくれない。まず、金銭面から親子の会話を持たそうと考えた。息子さんの要求通りにお金を渡すのでなく、何に使うお金かだけ手紙に書くように指導した。普通はひきこもっていると、「お金は要らない、何もしたいことがないから」という若者が多いのに、彼は大学の受験料、ある時はネットでアルバイトをしたいからパソコン関係の機材が欲しいなどと要求が書かれた。意欲があり必ず突破口があると考えていた時に、ご両親がひきこもり外来に顔色を変えてやってきた。訊くと、入会金四〇〇万円で、三か月でひきこもりを解決しますという、東京のグループにひきこもりの解決を依頼したとのことだった。私には申し訳ないので相談できなかったと詫びた。

「東京でうまくいっていますか」

と訊くと、

「昨日、警察に保護され家に戻ってきました」

と涙を流した。

東京からその会社のパンフレットを取り寄せた。全寮制できっちりプログラムが組まれ、明るい笑顔を見せながら訓練する若者の姿が写っていた。すでに私の元を訪れ半年が過ぎていたので、やはりダメかと藁にも縋る気持ちで依頼したという。

連絡すると、東京からワゴン車で男性五名が自宅にやってきて、小一時間質問すると、息子の部屋に入り息子を説得した。子どもがいなくなって、両親はしばらくの間ストレスから解放されたという。毎週、子どもさんは元気に勉強や訓練をしていますと報告も入っていた。

一か月過ぎた時に突然、警察からの電話があった。施設に着くと、財布やスマホを取り上げられ、寮の出入り口には夜間も監視がいて外出は禁止された。この監視のすきをみて、彼は靴も履かず、何も持たずに警察に助けを求め逃げ込んだ。

ひきこもり支援は公的な機関がするのが理想である。しかし、訪問などの支援体制は十分とはいえない。家や土地を売ってでも息子を立ち直らせたいと訴えるご家族の弱みに付け込む、このようなひきこもり支援団体がまだまだ横行している。素晴らしいプログラムや写真のパンフレットが目をひく。しかし、このパンフレットをよく見ると、この団体には、専門家は非常勤の講師だけで、常勤の精神保健や心理学の専門家は一人もいなかった。

この問題をアミーゴの会で若者たちと話し合ったことがある。真一のことを簡単に説明して、もしある日突然にスーツ姿にネクタイをした男が五人現れ、お母さんに依頼されました、東京で自立支援のサービスを受けてもらいますといって、無理やり両脇を抱えられ車に乗せられたらどこで逃げ出すかとの問いで、テーマは「自立支援ビジネスからいかに逃れるか」だった。

討論会

自立支援ビジネスからいかに逃れるか

まずAが、そんな組織があることも知らなかった。びっくりしたと口火を切ると、何人かが同意した。

次に、その日、唯一の女性参加者だったBが、東京に行きたいので、その時は抵抗しない。もしそこが想像したところでなかったら、イベントの時にでも逃げ出す。かくれんぼが得意だったので大丈夫、上手くやれる。〈携帯電話や財布などを取り上げられるそうだが〉とにかく安全なところに逃げるとあくまでも明るく答えた。

いつも無口なCは、逃げられるのだったらいいが。僕は逃げられそうにないと語り、Dは、親がそんな団体と契約していると分かったら、病院に逃げる。医者に相談する。男たちが来る前に逃亡する。〈事前には何も知らされないと思うが〉それなら、その時に救急車を呼んでもいい。未成年でないので、自分の意思が尊重されるべきだ、弁護士をつけると言う、お金がないけど……〈親が怒って、家から出て行けと言われたら〉家を出て生活保護を受ける。それから、逃げる。そして、そんな悪徳連れ出し屋がのさばらないように、逃げるプログラムを作成してネットで配る。

いつも大人しいEは、連れに来たら素直に行くしかない。その連中に従順になるわけではないが。

教育家を目指しているFは、目の前に来られると、逃げ切れない。休憩所、パーキングエリア、いずれにしろ移動中の方が逃げやすい。施設に入るとすべて取り上げられるから、逃げるのは無理だ。〈移送中に、窓から逃げ出そうとして、骨折し大けがを負った人がいたらしいが〉恐怖感から、危険だと分からず飛び出したのだな、可愛そう。

続いてGは、逃げるという前提なら、暴れる。そうしたら警察が呼ばれるから。そんな施設に行くより、警察に行く方がまし。〈親に見捨てられたと思ったら〉抵抗しない。されるままになる。ショックだ。

Hも、居留守を使い、隙を見て警察を呼ぶ。次の三人も同意見で続いた。一方、Iは、逃げるという発想がない。親が言うなら行かざるを得ない。

最も変わっていたのは、Jの、応じる代わりに親の立会いの下で、パンフレットの内容と違反するようなことをした場合に、違約金を払わせる契約書を書かせて署名してもらっておく、との意見だった。

さらに入会金が普通三〜四〇〇万円、そのほかに月々の寮費や食費、教育費が入用だと伝えると、彼らは口々に家にそんな大金がないから大丈夫だと一斉に声を発したが、私が連れ出し屋の犠牲になるのはお金持ちだけでない、子どもが幸せになるのなら、田畑を売るのも惜しまないと言う親が多いと付け加えると、一瞬の沈黙の後、『逃がし屋ビジネスをやろう』という結論になった。最後に、私は過去にも同じような事件があったことを彼らに話した。一つは、訓練生を暴力で殺害した戸塚ヨットスクールの事件だ。スパルタ式訓練で子どもが死亡した事件をよく知っていると彼らは肩をすぼめた。二つ目は、私が「マヤ文明滅亡の謎を探る」というTV番組を作っていた頃に生じた事件だった。友人のディレクターが、私がひきこもりの専門家であることを知っていて、名古屋でカリスマカウンセラーと呼ばれている女性を知っているかと訊ねてきた。彼が、私とグアテマラでの番組を作った後、このカリスマカウンセラーのドキュメント番組を企画していたのだ。私がその女性を全く知らないこと、求める金額や専門家がいないことの危惧を伝えたことがあった。企画は中止になったが、その後すぐに、強引な連れ出しと、施設での違法な拘束による死亡事件を起こしてこの女性は逮捕された。これほど手荒くないが、同質の問題が現在も生じている。これ以上犠牲者を出してはいけない。

事例５：風船が割れた

浩（仮名）も最初は相談に来ず、母親がＮＰＯのひきこもり相談に訪れた。母親の説明では発達障害が疑われた。その後、母親に言われいやいや相談にやってきたが、会ってみると母親の話と随分と印象が異なっていた。まず表情がいい。質問にも明快に答えた。二六歳、国立大学工学部を四回生で中退した。それ以来、家でひきこもっているという。ゲームはあまりやらない。機械いじりが好きで、小さい頃はよくプラモデルを組み立てていたがそれも馬鹿らしくなって、大学に入ってからはやっていない。飛行機や船が大好きだった。高校時代には、橋造りに興味を持った。

高校の夏休みに明石大橋を見に行ったのを皮切りに、日本の代表的な橋を見て歩きその構造の素晴らしさに魅せられ工学部への進学を決めた。いつものように、私は石原裕次郎主演の映画『黒部の太陽』を見て工学部受験を考えていたが、高校三年の時に友達に借りたエッチな小説を読んで、文学部に行きたくなったことを話すと、笑顔を崩さず、少し馬鹿にされたかもしれないが、一気に話が進むようになった。

理数系が得意で、バランスよく勉強ができていた。大学入学後、楽しい大学生活を送り、単位は四回生になった時にほとんどとり、ゼミの先生から大学院進学を勧められた。夏休みには海外の橋が見たくて、何度か旅行した。大学院に進学して、夢だった橋造りとは限らなくても、物を製作する会社への就職も現実のものとなりつつあった。そんなある日、卒業論文を書き進めていると急に「風船が割れた」、何故か分からないが卒論に手がつかなくなり一年遅れ、そして、大学を辞めた。家に帰っても、外に出て同級生に会うのが嫌で、家でTVやネットで時間をつぶしているうちに三年以上経ってしまった。何をしていいのか分からない、とのことだった。

そこからいつものように十数単位を残して大学を辞めた先輩の話に入った。工学部を辞めて経済学部に入り、医学部を辞めて心理学部に入った者の話をすると「みんな勇気あるのですね」との返事が返ってきた。もう少しで本心を話してくれる。さらに、数単位残して経済学部を辞め、私の元に来て数年後に通信教育で福祉学科を卒業と同時にPSWの国家試験に合格し、三〇過ぎて高給の専門職に就いた者もいると、具体的な方策を交えて伝えた。あっという間に一時間が経過していた。彼は心の闇に少し光が差しこみ始めたと喜んで、定期的な来所を約束した。彼との出発に成功した。こんな時がひきこもり支援をしていて一番の喜びだ。

（注9）選択的セロトニン再取り込み阻害薬SSRI（Selective Serotonin Reuptake Inhibitors）とは、現在よく用いられる抗うつ薬の一種。SSRIはセロトニンを放出するシナプスのセロトニントランスポーターに選択的に作用する。セロトニン再取り込みを阻害し、シナプスにおける神経伝達物質であるセロトニン濃度を増加させることで、うつ症状や不安の改善効果をもたらすと考えられている。

（注10）セロトニン・ノルアドレナリン再取り込み阻害薬SNRI（Serotonin & Norepinephrine Reuptake Inhibitors）は、抗うつ薬の一種だ。SSRIがセロトニンのみの再吸収を阻害するのに対して、SNRIではシナプスにおけるセロトニンとノルアドレナリンの両者の再吸収を阻害することで、これらの神経伝達物質の濃度を増加させる。それで、セロトニンの抗うつ作用に加えて、ノルアドレナリンが興奮神経を刺激することから意欲を高める作用が

ある。

第四章

集団精神療法と対話の重要性

1　病院でのひきこもり専門ショートケア

母に連れられての参加

私は、紀の川病院でひきこもり専門ショートケアを週二回実施していた。ひきこもり経験がある者が集い、安心して自分の体験や現在抱える悩みを共有し、他者の前で話せるようになることを最終的な目的とした。つまり、社会に参加するまでの準備期間だ。ショートケアでは集団精神療法とレクリエーションを基本とするが、ロールプレイング、芸術療法、SST等も適宜入れてゆく。集団精神療法は精神科医による個人精神療法と並行して行っていた。

期間は半年間を一クールとして、四クール、二年間とし、スタッフは精神科医一名（著者）と社会人（マジョリティ）の代表として社会経験がある若手スタッフ（看護師、PSW）が二名、また、ひきこもり経験をもち、安心感や共感を育む橋渡し役であるマイノリティの代表としてメンタルサポーター二名が毎回入っ

表８　火曜日のプログラム

場所	時間	内容
ショートケア室	pm1:30～2:00	クライシス・カンファレンス (今週の心の危機体験，いかに対応するか)
ショートケア室	pm2:00～3:00	集団精神療法： 自己表現やコミュニケーション能力をつけるための技術。(自立して生きるために)
デイケア室	pm3:00～4:30	行動療法： １.演劇（ロールプレイング） ２.パソコン（ネット） ３.スポーツ（卓球，バトミントン，他） (身体からこころを癒す)

表９　金曜日のプログラム

場所	時間	内容
ショートケア室	pm1:30～2:00	カンファレンス (自助グループ活動報告，他)
ショートケア室	pm2:00～3:00	集団精神療法： １.芸術療法（絵画，イラスト，音楽，他） ２.ＳＳＴ（料理教室，就職活動のスキル，他） (社会参加のために)
デイケア室	pm3:00～4:30	行動療法： １.スポーツ（卓球，野球，他） ２.パソコン（ネット） ３カラオケ（発声で発散） (仲間づくり)

た。定員は一〇名を理想としたが、一五名から二〇名になることも多かった。

このように私が勤務していた病院で、ひきこもり専門ショートケアを火曜と金曜日の週二回、午後の一時三十分から四時三十分まで実施していた（表８，９）。

母親に送られて病院に来ることが可能になると、一人でショートケアに参加する若者が多いが、中には最初は母親と一緒に参加する者もいた。しかし、すぐにはショートケアに参加できない者も多かった。まず車の中で私と、続いてサポーターと話すことができるようになって、サポーターに連れられてショートケアに参加する者、また、臨床心理士との一対一でのカウンセリングからスタートし、カウンセリングの途中でメンタルサポーターを入れ、三人での会話が可能となった時点でショートケアに参加する者もいた。

ショートケアに参加するようになり半年間くらい経つと、母親に送り迎えしてもらっていた彼らが、次第に帰りだけ仲間と帰るようになり、その後、一人で病院まで来るようになる。病院ではショートケアが、そして、ＮＰＯではアミーゴの会が仲間作りの場だ。参加者は約二年後には卒業してゆくのだが、それまでに彼らの個性の豊かさがよく分かるようになってくる。そして、対人関係を作ることが苦手であった彼らが仲間と自由に話すようになり、私が精神科医であることすら忘れてしまうほど打ち解けてくる。

ゲームにはゲームで対応

普通、精神科の外来診察では患者は自分の悩みを解決してもらおうと受診するため、必死の思いで自分の悩みを訴える人が一般的だ。ところがひきこもり専門外来では、緘黙を続けられて困らされることが多い。彼らはいやいや家族に連れられて診察や相談に来ることが常で、彼ら自身は医師の助けをあまり期待していない。それで家族が一方的にしゃべり、彼らが話そうとしないことが度々ある。時には、数か月黙っていることもある。治療者泣かせの患者だ。特に、ゲーム依存の強い若者は、診察に抵抗を示すことが多い。彼らの貴重な時間を無理やり奪われ、母親に病院に連れてこられたのだから無理もない。

私が、「どんなゲームが好き、今やっているゲームはなに？」

と質問すると、小さな声で何やらゲーム名らしいこと言ってくれるのだが、私が理解できずにいるとすぐふてくされて口を閉ざし、顔をそむけてしまう。そこで申し訳ないと恐縮がる家族の了解を取り、ゲームオタクのメンタルサポーターを診察室に入れる。

「彼は、＊＊＊ゲームをやっているというのだが君は分かるか」

と訊くと、

「ダメダメ、先生に何を言っても分からない、先生はアナログゲーム以外をすべて同じゲームと考えているから」

と言った後、ゲームの種類やゲーム名を次々と挙げ若者に話しかける。

すると、それまで黙って下を向いていた若者が、顔をサポーターに向け話し始めるのだ。最初はぼそぼそと、そして、その声が次第に大きくなってくる。

「そんな新しいゲームをやっているのか」

そして、サポーターは私に向かい、一度は説明し始めるがすぐに諦め、若者と理解不可能な会話を再開する。わずか二〇分そこそこで二人は意気投合し、私を無視してゲーム談義となる。話に入れないことは寂しいが無駄な抵抗はせずにサポーターに任せ、彼を別室に連れて行かせる。二年間全くしゃべらなかった中学生を、数か月で私に挨拶までするようにしたのはこのサポーターの一人だった。

二〇一八年、ゲーム依存症（注11）が精神科の疾患分類の中に入れられた。ゲームはすでに若者の日常的な娯楽の一つになっている。彼らからゲームを取り上げることは不可能であり、無意味だ。ゲーム依存をなくすには小学校時代からの上手な遊び方の教育が必要だ。そして、「ゲーム依存者にはゲームオタクで対応」が鉄則だ。ゲーム依存症が精神疾患の範疇に入れられるようになったが、彼らを治療へ導入する達人はゲームオタクのサポーターであり、それからの治療に有効なのは、集団精神療法とＳＳＲＩを用いた薬物療法の併用だと私は確信している。

人前で言葉が話せなくても働ける

ある日、病院に母親に連れられて三二歳の俊也（仮名）がやってきた。一言もしゃべらない。しかし、彼は大学を四年で卒業して、一時仕事もしていたとのことで、きっと数回の診察で私と話してくれると期待していた。黙り続ける彼の前で、まず母親に緘黙状態になった経緯を詳しく聞くことを二回、三回と続けていた。彼は、学校は大学までほぼ皆勤で、これまで家庭で問題を起こしたことがなかった。家では一人遊びが中心で、幼いころからプラモデルを黙々と組み立てていた。そして、友達に誘われると遊びにも行った。それが急に仕事を辞めて、それ以来五年間全くしゃべらなくなったというのだ。それでも、このように病院には文句ひとつ言わずに来ます、との母の説明だった。

彼はそれまで何回もメンタルクリニックやカウンセラーの元を訪ねていた。私は四回目の診察でしびれを切らせ、何も話さない彼にショートケア参加を思い切って勧めてみた。驚いたことに彼は予想に反して、次の週から抵抗なくショートケアに参加した。しかし、それからも全くしゃべらない日々が続いた。指示には従い、問題行為は見られなかった。三か月ほど経ったある日、ショートケア利用者の一人からカラオケに行く計画が提案され参加者を募った。すると彼が手を挙げたのだ。参加者の誰もが、彼が歌うことを想像すらしていなかった。その彼が大きな声でアニメソングを熱唱したのだ。この時、私は初めて彼の声を聞いた。

彼はそれからもショートケアではまったくしゃべらなかったが、診察の場では多くは語らないが、大きな体に似つかわしくない小声で私に趣味の話などをしてくれ始めた。集団の中での緘黙状態は半年以上続いた。そんなある日、診察の場で、彼は仕事をやってみたいと言い出した。そこで、就労支援の事業所に事情を話してお願いし、ジョブコーチの支援を受けて電子部品の組立工場で、話さなくてもいいとの条件で働き始めた。彼は皆勤で細やかな作業が得意で喜ばれた。仕事場の同僚からは、彼は言語障害があり話すことができないのだと思われていた。さらに一年以上、彼は仕事場で一言も話さなかった。月に一度外来受診していたのだが、ある日、

「今の仕事は好きだが通勤費で給料の大半がなくなってしまう、地元の仕事場に移りたい」

と、彼が初めて希望を出した。

早速ジョブコーチにお願いすると、地元の部品工場が彼を雇ってくれそうだとの朗報が入った。ただ一度面接に来てほしいとのことだった。そのことを彼に伝えると、しばらく俯いていたが、

「しゃべれませんから駄目ですね」

と申し訳なさそうに言った。

この機会を逃してはと思って私が、

「そのことはジョブコーチから伝えてもらっているから、君の仕事ぶりを聞いて、待ってくれている、大丈夫」

追い打ちをかけるように言うと、彼はしぶしぶ面接を受けることを了解した。

そして、地元のジョブセンターで彼を加えてまず支援体制を構築するための会議を持つことになった。和

歌山のジョブコーチが彼を紹介することになっていたが、彼が不安そうだったので私もその就労支援会議に同行することにした。

私が出席すると知って、会議は所長、ジョブコーチ、そして、支援員など五名が参加することになってしまった。初対面の人が多い場で彼は話せない、私から説明をと口を開こうとした瞬間、彼は質問に小さな声で答え始めたのだ。会議が終わって、和歌山から出席してくれていたジョブコーチが、

「先生が言っていたように、本当に彼は話せるのですね、初めて彼の声を聞きました」

と喜んでくれた。

無事、地元で働き始めた彼は、ＮＰＯでの土曜日に時々行う食事会にも参加するようになった。それでも私と小声で話すだけだったが、またしても突然大きな変化が起こった。

「えー！　彼が普通に話している」

仲間たちが、彼が私の妻と普通に話していることに気付き驚きの声を挙げた。

「彼、最初から私に普通に話していますよ」

「えー！」

再度、皆が驚きの声を挙げた。

妻は遠慮なく彼に話しかけ、食事の準備を手伝わせながら普通に話していたのだ。ＮＰＯの仲間たちも、いつの間にか彼は話せないものと思い込んでいた。妻の「彼は普通に話しています」の言葉に、「なんだ、普通に話せるのだ」と皆の態度が変わった。

以後、彼は多くは語らないが仲間と話すようになり、ロシアのＴＶ取材時には、インタビューにも堂々と

答えた。彼はもう卒業だ。

このように緘黙状態の若者が時々やって来る。信頼関係と自然な態度が会話を可能にする。ただ、一度失った会話のきっかけをつかむのは容易ではない。両親の期待を一身に受けてトップクラスの大学に入学した学生で突然話せなくなり、励まし続けたのだが、だんだんひきこもってしまったと訴えて相談に訪れる母親も稀ではない。きっかけは、授業登録ができない、会話のある授業で緊張のあまり言葉が出なくそれを叱責された、あるいは、ゼミの先生が代わり自分にだけ厳しくなったと思いこんで、といったように彼のそれまでの優秀さから考えられないような些細なことが多い。彼らは授業に出ていないことを両親に言えず、下宿にひきこもり、あるいは大学まで行って空き部屋で時間をつぶすなどして家に帰ってくる。大学からの連絡で初めて家族が知ることとなる。驚いた母親が悲壮な気持ちで、下宿にこもり始めた息子のもとに出向き、修学指導の先生やカウンセラーに相談し、最初は、子どもを毎日大学まで送り登校させるが、やがて力尽き家に連れ戻ってくる。

こうして、一言もしゃべらなくなり部屋にこもってしまった、大学に入学したのち緘黙状態となって連れてこられる学生の相談が多くなった。この時、自分の子どもが簡単な大学での日常生活ができていないことに初めて気づくこととなる。例えば、大学から連絡を受け家に帰ってきなさいと電話で伝えても、話さないか、片言で返事するばかりだ。そこで母親が下宿に向かって連れて帰ることになるのだが、電車に乗れない、乗り換えが分からない、さらには、切符を一人で買えないことも多い。対人緊張からだけでなく、我が子が乗り換えの手順が分からないことに途中で気づき驚く。そして、脳に何らかの障害があるのではと、脳外科や精神科に連れてゆく。一方、別に精神や身体に特別の異常を感じず、大学に行くことや、それを理解されないことだけで追い詰められている彼らは、病院での治療を勧められ戸惑ってしまう。家では彼が学校に行けないことばかりが話題になり、それまでの仕事を辞め、栄養が足りないのではなどと日常生活の面倒をみ始めるようになった母親に戸惑い、申し訳なく思い、そして、そんな葛藤状況の中で言葉を失ってしまう。

2　強烈な個性の仲間たち

ブスは殴りたくなる

火曜日のショートケア前半は集団精神療法から始まる。

毎回、自己紹介をして、それから一週間したことを一人一人に話してもらう（表8のクライシス・カンファレンス）。もちろん平均六年近くひきこもっていた者たちなので、最初は「何も変わりありません」「何もしませんでした」「家にいました」とだけ答える者が多い。そのうちに、「ゲームばかりしていました」とか「深夜テレビでサッカーの試合を見ました」などと少し具体的になってくる。さらにその内容を詳しく話せるようになるには一年以上必要だ。

自己紹介が終わると、その日のテーマを決めての対話となる。いわゆる集団精神療法に入る。長く一人の空間で自分との対話のみで過ごしてきた彼らの考え方はかなり偏っている。仲間との対話が増えるに従い、彼らの認知の歪みが明らかになってくる。私は対話の中で、その偏りを少しずつ彼らに投げ返し、彼らも自然にそのことに気づいてゆく。

ショートケアのメンバーは、対人、社交場面で不安や緊張が高まる者が多い。それで、三〇歳近くまで女性と話した経験がない者が多く、女性に興味があると答える者は少ないのだが、篤（仮名）は、ショートケア参加当初から女性に興味を示した数少ないメンバーの一人だった。

彼は、強烈な個性の父親に威圧されて育ってきた。幼い頃から一言でも逆らえば怒鳴られ、殴られることもしばしばあったという。彼は、体格に恵まれ目鼻立ちもすっきりしていて、どちらかといえば男前だった。ただガラスの心臓の持ち主ですぐ折れやすく、幼少時から人前では過度に緊張し、冷や汗をかきいつもおどおどしていた。それで高校時代までよくいじめられていた。

進学高校卒業後、アクションスターを夢見ていた彼は、大学進学するものと考えていた周囲の予想に反して東京のタレント養成専門学校に入った。もちろんうまくはいかなかった。人前で言葉がスムーズに出なかったのだ。その後、家にひきこもってしまい数年後に私の元に通うようになった。人と話すのが苦手だと言う彼に、何故、タレントを希望したのかと訊くと、仮面をつけた役やぬいぐるみを着た役がやりたかった、との返事が返ってきた。

ショートケアでは毎回、私が一つテーマを出して話し始めるのだが、ある日、「どんなタイプの女性が好きか」というテーマにした。

まず女性と付き合った経験がある者と質問すると、篤が勢いよく手を挙げた。どんな付き合いをしたのか聞くと、ネットで何人かと付き合ったことがあると経験を語り始めた。そして、最後に「ブスの女性は殴りたくなる」と言い出し仲間を驚かせた。それまでショートケアで彼は落ち着きがなく、よくトイレでその場を中座していた。その後、毎回、自己紹介の時間帯に彼と恋愛談義が進むようになり、徐々にトイレに抜ける回数が減っていった。

ある日、

「ブスでない女性ってどんな女性」

と問うと、スマートフォンで彼が美人だと思うタレントの写真を見せてくれるようになった。しかし私は美人と思わない。

「私がかつてあこがれたのは、歌手の西田佐知子と女優の岩下志麻だ」

と付け加え、参加者に知っているかと訊くと、彼をはじめ皆がノーという。

そのあと好きなタイプの女性の話で盛り上がった。彼らのほとんどが女性と付き合ったことがない、その上女性には興味がないというのに、美人の条件はと訊くとかなりうるさいのだ。

篤の認知のあり方に興味を持った私は、私が大切にとっていた昔の写真を見せてみることにした。まずメキシコでの初恋の人の写真を数枚見せてみた。すると、

「これは殴りたいと思わない、これは殴りたい」

と言い出した。同一人物でも違うのだ。それで美人の基準について、ショートケアのメンバーと喧々囂々の討論となった。篤には同じ人物の写真でも美人であったり、そうでなかったりするのだ。彼は目、鼻、口の細部にこだわり美人の判断を下し、また、全体の雰囲気が異なると同一人物とはみなさないことが分かった。私がこれらの写真は同一人物だ、写真の写り方が違うだけで、私が恋した同一の女性だと言っても、この写真の女性はダメだ、殴りたくなる、これは大丈夫だというのだ。最後に、恐る恐る妻の数十年前のパスポート写真を取り出して見せると、

「これは問題外、対象にならない」

ときっぱり言われショックを受けた。

彼は、私の妻の写真だと言っても同じ答えを繰り返す。気を遣うことを知らない。私もついつい精神科医であることを忘れ、

「お、お前そこまで言うか」

と、声を詰まらせ自然に反応していた。

この話をきっかけに、妻を犠牲にして彼との会話が毎回スムーズに進むようになった。最初は私の冗談にキョトンとするばかりだったが、少しは笑ってくれるようになった。一方的に自分の話をする以外は黙っていた彼だが、他の仲間の話に意見を述べるようになった。そして、休憩時間にカードゲームを仲間と楽しむようになった。火曜、金曜のショートケアは皆勤で、遅刻することもなかった。

ショートケアでは、彼のように、診察の場ではなかなか気づけない性格や個性が見えてくる。認知の偏りもより鮮明化してくる。

他の仲間が、篤に対し、その写真はどうしても同一人物にしか見えない、僕はそんな女の子は美人にはとても見えないと意見を出し始める。すると篤は、首を傾げ始める。自分の考えと他者の考えが違うことに緩やかに気づいてゆくのだ。

最近、彼のように二〇代の若者ばかりではなく、仕事が長続きしないで自信をなくし、ひきこもってしまったと訴え専門外来を受診する四〇歳以上の者が多くなってきた。この仕事が長続きしないことの原因が、ＡＤＨＤの障害からくることも多い。そこで少しＡＤＨＤについて説明しておきたい。ＡＤＨＤの代表的な症状として次の三つが挙げられる。

その症状の第一は不注意だ。そのため仕事では忘れ物が多く、同じミスを繰り返し、また、気が散りやす

く、注意力や集中力が足りないためミスが起きてしまい、それでやる気がないとか、上司の指導に耳を貸さないなど、よく上司に叱責され不本意に仕事を辞めざるを得なくなることがある。

　二つ目の症状の特徴として多動性が挙げられる。仕事で机の上が散らかっていて重要な書類がみつからない、椅子にじっと座って仕事ができない、周りの空気を読まずおしゃべりを続ける、など落ち着きがないためのミスが起きてしまう。篤も、ショートケア参加当初は、話をしているときによくその場を中座していた。

　そして、最後は衝動性だ。仕事の優先順位を間違える、相手が話しているのをさえぎって話し始める、そして、順番を守れないなど自分の感情や思ったことを、すぐにやってしまうのでミスを生じやすい。これらの症状が原因となって、仕事でつまずき、本人は必死でミスを無くそう、職場でうまく皆にあわそうと努力するのだができず、仕事を何回も辞めることを余儀なくされていることが多い。ショートケアでは、それらの症状の詳細がより明らかになり、それらの症状を緩和するプログラムを立てやすくなる。もちろんこれらの症状は誰にでも思い当たることだが、これが極端になると学習や仕事で能力を発揮できなくなり自信をなくしてしまう。

　篤は、経済的状況から早く仕事をしたいと言い始めた。その頃にはすでに仲間との会話に入れるようになっていた。ただ、まじめな完璧主義者であり、また、一つのことをやりとげるまで頑張るのだが変化にもろいなどの性格特徴が明らかになってきていた。そこで、私は就労可能だが障害者枠での短時間就労からのスタートが適切だと判断した。しかし、彼は給料にこだわり一般枠での就労を希望した。彼はハローワークに出かけ家電ショップの仕事を決めてきた。一人ではなかなかハローワークに行けない者が多いが、彼は自分で仕事を決めてきた。素晴らしいことなので、しばらく見守ることにしたが、予想を外さず三か月ほどして、しんどくなって仕事に行けなくなりましたと、落ち込んで戻ってきた。仕事は皆勤、必死で仕事を覚えるので上司の評価が良く残業も増えた。彼は断ることができないし、限界が分からずまだできると思ってしまう。休むことなく働いていたが突然退職を申し出た。職場の人は彼が辞めるのを引き留めようとしたが、彼はすでに疲れ果て意欲を失っていた。

私は参加者に仕事を三回失敗してこいと言う。成功体験は自信をつけさせると言われるが、私は失敗体験がその人を成長させると考えている。それで、普通はアルバイトでまず失敗体験をさせて、本来の就労に向かわせる。「アルバイトほど、きついところはない、失敗してこい」と送り出す。

その後、篤は就労支援を受け障害者枠での仕事をスタートさせた。残業を禁止し、一日五時間、週五日間の労働時間を守るように彼に伝え、ジョブコーチに見守りを依頼した。障害者枠の就労だと主治医が意見書で意見を反映できるのだ。それでも彼は二回失敗したが、彼のまじめさ、融通の利かなさが仕事の正確さをもたらし、最後に勤めた職場ではすぐに上司の推薦で一般枠にしてもらった。一般枠になると、主治医としての意見を仕事場に出せないが、彼のオーバーワークを外来で見守り、生活のパターンを崩さないように、「ブスは殴りたくなる」を今では笑い話しにしながらフォローしている。ちなみに「もちろん、殴りたくなっても殴りませんよ」が、彼がショートケアを卒業するときに残した言葉だ。

恋人ができたら働く

ひきこもる若者の多くは恋愛経験がない。小学校高学年から塾や受験勉強に追われ恋をしている時間がなく、さらに、その後ひきこもってしまったので当然の結果かもしれない。そして、ショートケアに参加した若者に現在の心境を訊くと、恋愛や結婚はしたくない、煩わしいとの返事が返ってくるのが普通だ。ところが中には、恋愛経験がなかったことをコンプレックスに感じている者もいる。陽介（仮名）はその一人だった。

数年前から、彼は夜に一人で海に出かける以外は外出しないのだが、何故か祭りにだけは参加していた。そして、祭りが近づくとイライラ感が強くなり家族にあたり始めるのだ。何故、祭りにだけは参加するのかを訊くと、祭りに参加しないと異常だとみられる、しかし、参加すると帰省した同級生に、「今、何の仕事をしている、彼女は」と聞かれるのが苦痛だと訴えた。

その彼が、

「恋人ができたら働けるのだが」

と、ぽつりと外来で漏らした。そして、そういう環境を作ったのは母親が悪いと責めていたのだ。挙句の果てに、見合いをさせて欲しいと言って母親を困らせていた。

「まずアルバイトしてデートするお金を貯めたら。それに、アルバイトで生活範囲を広げると出会いがあるかも」

と、私が愚かな意見を言うと、

「そんなこと誰でも言いますよ」

と、顔を引きつらせ抗議された。

もっともなことだと、反省していると、

「もうこれ以上苦しみたくないです。これまで十分勉強で苦しんできた。さらに仕事をして苦しんで、その後に楽しみが来るなんて意味がない、考えたくもない」

私は言葉を失ってしまった。

陽介は大学を卒業してから仕事をしたことがなかった。

「地元にいると祭りに出ないといけない。出なかったら最後だ」

「それは辛いね、だったら急用で行けなくなったと言っておいたら。皆が祭りに参加するわけでもないし」

「そんなのすぐにばれてしまう。家にいることを薄々気づかれているのに。まず彼女が欲しい」

「私の周りに、食事でも奢ると言えば、その日だけ喜んで付き合ってくれる女の子もいるけど」

「そんなのダメです。彼女でないと」

「それだったらショートケアに参加したら。少ないけど女性もいるよ」

「僕は集団に入れません」

ショートケアに導入するにはあまりにも安易な誘いだったことを後悔していると、

「一対一でないとだめです。見合いか、紹介でないと」

さらに、

「同級生に紹介してもらうと、すぐに噂が広まるし、見合いは母がだめだという」

「お母さんだって、結婚前提の見合いだと、何か仕事についていないと責任をもって見合いさせられないからな、そりゃ、ミッションインポッシブルだ」

やっとのことで母親に送られて病院に来るようになった、二七歳の男性との会話だ。

彼に言わせると、父親がワンマンで、一方的に自分の意見を家族全員に押し付ける家庭に育った。母親は外では明るく活発にふるまっているが、家では父親の命令に従い言葉数も少なかったという。彼は小学校から友達が多く、勉強をしなくても成績が良かった。父親に言われるままに三年生の頃から塾に通い始めた。中学でも成績は優秀で、身長も高くバレーボール部に入りクラスでも人気者だった。ところが、家ではたびたび情緒不安定になることがあり、母親に攻撃的になり困らせていた。しかし、父親が仕事から帰ると大人しくなり、勉強部屋に逃げ込んでいたようだ。高校でもクラブ活動を続けていたが、次第に人前で話さなくなり、友達も中学時代の数人に限られるようになった。特別受験勉強もせず、ただ学校や父親が勧める地元の国立大学経済学部に進学し、問題なく卒業して公務員試験を受けた。そして、失敗した。特に準備することもなく受けたので失敗は当然だったが、彼にとっては人生で最初の挫折体験だった。その後、他の就職活動もせずに自宅にひきこもり始めた。

こうして彼は大学卒業後自宅でひきこもっていた。

彼がひきこもっていた年に、「恋人ができたら働く」を実現した若者が三人も続いた。休学を繰り返した一人は、彼女ができると大学を退学し、専門資格を取るために通信制の大学に通っていたが、結婚が決まると働き始めた。もう一人は、大学卒業後、三年間働いたが辞め、その後は数年間ひきこもっていたが、恋人ができ結婚が決まるとやはり働き始めた。極め付きは二〇年以上ひきこもっていた若者が、就労支援の事業所で女性と知り合い、結婚後、覚悟を決めると働き始めた。彼が四〇歳になってのことだった。私たちは、結婚は仕事についてからするものだ、親から経済的に自立してから結婚が許されると考えがちだ。私もそれが当然だと考えていた一人だ。彼らの中には、結婚を就労の動機とする者も出てきた。結婚後、仕事に就き必死になって働く姿は微笑ましい。私はどちらが先でも苦労は同じかなと考えるようになった。

ひきこもる若者には、プライドが高いと感じさせる若者が多い。それで、ひきこもりを自己愛性パーソナリティ障害と考える専門家もいる。陽介もどうしてもショートケアを受け入れなかった一人だ。自分はショートケアの参加者とは違うと考えていた。精神的にもろくてひきこもっていると考えられたくない、プライドが許さない、世間体が悪い、僕は彼らと同じひきこもり者ではない、そう言い張っていた。それは、実は自信を持てない自分に言い聞かせていただけだった。

ゲストとの交流――異邦人を知る

ショートケアやアミーゴの会を見学に来られる方が年々多くなった。ほとんどはひきこもる子どもを抱える家族だが、その他に大学関係者、ひきこもり支援に携わっている専門家、そして、時々マスコミの方などである。医療現場では、当然、患者のプライバシーを守る義務がある。ところがひきこもり専門ショートケアの参加者は、病気で治療を受けているという意識に乏しい。私自身もショートケアは、障害を抱える患者の治療の場との意識が薄い。私は、ショートケアを若者の成長を育む場、成長共同体と考えているので、見学が興味本位でなく若者のプラスになると判断した場合、可能な限り受け入れることにしている。もちろん参加者の同意のもとではあるが、医療の現場であることに変わりはなく、慎重さは必要であり、ほとんどの場合はＮＰＯのアミーゴの会に見学に来てもらうことにしている。

ある日、北海道のＮＰＯ代表でひきこもり当事者であった方と大学の先生が見学に訪れた。その時は、特に話が弾んだ。そして、何故、私の大学や病院のメンタルサポーター・アミーゴがひきこもっている人に受け入れられるのかとの話になった。最近では多くの大学で、ひきこもりなどで悩み苦しむ学生を支援するための対応がとられている。学生ボランティアを募り、単位を取れるひきこもりやこころの病の心理学講座などを設け、その修了者をメンタルサポーターにしている。そんな大学の先生が見学に来られると必ず、サポーターがひきこもっている学生になかなか受け入れられない、また、支援を求める学生が支援室に集まらず困っていると嘆かれる。この時も、私たちの支援プログラムの中核は、ショートケアでの対話とメンタルサポーターですねとの質問から始まって、何故、私たちのサポーターがひきこもる若者の心をとらえるのかとのいつもの話題になった。私がサポーターの「ひきこもり臭」です、私のような老人臭を発するものでは駄目ですというと、普通は冗談だと顔をしかめる人が多いのだが、この時の訪問者は、即座に「それです」と同意してくれた。それからは参加者とも話が弾み、ショートケア終了後、時間がある何人かの参加者と食事をすることにまでなった。メンタルサポーターが放つ「ひきこもり臭」が、初めて訪れたひきこもり者の心をとらえる。共感性を育むのだ。この当事者であるＮＰＯの代表が、後日、ひきこもりの専門家を数名インタビューして本を出版した。ひきこもる若者の心をとらえた素晴らしい本で、私に対するインタビューの章では、「ひきこもり臭」が連発されていた。私たちの活動のよき理解者ができたことを喜んだ。

また別の日に、ひきこもりに理解がある毎日新聞の友人が、岡山から若者のグループを連れてショートケアにやってきた。過疎が進む山村でひきこもりからの回復支援に取り組むＮＰＯ法人「山村エンタープライズ」のリーダーたちだ。元来、高齢化が進む農村に若者の移住を促す目的で二〇一二年に開始した活動だったが、シェアハウスを開設したところひきこもる若者が集まってきた、というより無理やり親に連れてこられた若者が多かったようだ。この時点で五件の古民家を借り、各家に一人リーダーが住み込み、四、五人の若者を受け入れ農業を行っていた。すでに東京など都会からの若者でいっぱいだということだった。この話を聞いたとき、私の町の「道草や」の仲間を思い出した。過疎と高齢化による農村の維持困難。彼らも私たちに、農業に興味のある若者はいつでも受け入れますと言ってくれていた。ただ、ひきこもる若者の生き方と彼らの生き方のギャップは大きい。

この時も討論会を行った。

この日のテーマは「お金より大切なものは」だった。

この時、お金がないと生活ができないという共通の意見とともに、何故、自分の時間を犠牲にしてお金を稼ぐのか、仕事をすると責任が出て自由が犠牲になる、それでも適度に人に助けられながら自立することを僕は学んだ、などと多くの意見が出た。なかには、大切なものは、自分より大事に思える人物だという意見も出た。

それに対して岡山の訪問者から、お年寄りが多い二〇〇軒くらいの集落で活動しており、お年寄りに感謝され、豊かな自然環境の中で都会より幸せに生きられると説明があった。

農業を介しての共同作業や体験は、まさに私の主張する生の人間関係の重要性と合致するものだ。ひきこもる若者の中には自由で自然な環境で有機栽培に取り組みたいとの希望者もいる。「山村エンタープライズ」は全国的な取り組みを展開しており、そんな希望者たちを積極的に募っている。ただ、当時、私の元に集う若者たちには、小学校低学年から勉強に追われ途中で挫折した経験をもつ若者が多く、彼らの取り組みはハードルが高すぎると感じたのも事実だ。それに、農業はそれほど簡単にできるものではないことを、兼業農家で育った私はよく分かっていた。地域おこしと、ひきこもり支援を組み合わせた彼らの取り組みは素晴らしい。理想的だ。ただ彼らリーダーの情熱に、ひきこもる若者が違和感を感じてはいないか、それに加えて、私は彼らのグループに不登校やひきこもりの専門家がいないことに一抹の不安を覚えた。私たちが彼らに協力を惜しまないことを伝え、その日の楽しい会議を終えた。その後も、和歌山を始め、全国各地で都会育ちの若者が地域支援と若者支援を組み合わせた農業をベースにしたＮＰＯを立ち上げたことが報じられている。若者の生き方の一つの選択肢として大切な取り組みであることは間違いない。私は若者の情熱に嫉妬しながら成功を願っている。

この時のマスコミの方は、私たちの長年にわたる協力者であり、よき理解者だったが、若者たちからは、先生はマスコミ人を受け入れすぎとよく叱られる。彼らはマスコミの方を、見知らぬ他者との会話にも何ら抵抗や恐れを感じない全く別世界に生きる人物と考えているからだ。それでも、私がマスコミの方を受け入れる理由の一つは、彼らが生々しい社会の現実を知る貴重な機会だからだ。それで、彼らには、見学に来られた人に対して必ず質問させることにしている。

東京からＡ新聞の女性記者が見学に訪れた時のこと、いつものようにこの記者への質問が始まった。

一人が、

「何故、新聞記者になったのですか」

と質問した。

すると、記者は、

「小学生の頃ひどいイジメにあった。それで同級生をイジメるような輩を刑務所にぶち込みたかったからだ」

と、予想外の答えが返ってきた。一瞬彼らはたじろいだが、すぐに我を取り戻し、給料はいくら、忙しいのに何故記者を選んだのか、等々と質問攻勢を始めた。

また、別の記者の場合、ショートケアが終わった後で、可能であれば個別で話を聞かせてほしいと言い出した。普通は誰も手を上げないのだが、その時はサポーターの一人が手を挙げた。それで、後日、喫茶店でインタビューを受けることとなった。インタビューの結果を聞くと、コーヒー一杯で三時間話してきましたと喜んでいるのだ。彼は、その記者が気に入ったようだった。これも社会経験だと喜んだ。

私自身は自分をひきこもる若者のよき理解者とは考えていない。彼らのことはむしろ理解できないと思っている一人だ。育ってきた時代も家庭環境も違う。彼らに言わせれば時代遅れの老人で、アパシードクターなどと称しているが、結局は医者となってぬくぬくと暮らす人生の成功者にすぎないとのことだ。私は決してぬくぬくと育ってきたわけではないが、それはともかく私も、彼らに「お前たちの気持ちは理解できないし理解しようと思わない、私にとって別世界に住む異邦人だ」とよく言っている。

仕事探し

大学卒業後、数回転職を繰り返していた健太（仮名）は、とにかくこだわりの強い性格の持ち主だった。高校野球が大好きで、公式戦ばかりか練習試合をすべて見に行っていた。ここ数年間は、高校野球の試合を見学に行く以外は家にこもっていた。それでショートケアに参加するようになったのだか、お金が必要なので早く働きたいと訴えた珍しい人物だった。

それで一年後にジョブカウンセラーに紹介したところ、作業所を紹介された。彼はしぶしぶ作業所に通うことになったのだが、毎日「朝になると今日はしんどい」などと理由をつけて休むことが多くなった。

彼に、作業所の仕事が面白くないのか、それともスタッフや同僚に問題があるのかを尋ねると、「もっと給料の高い仕事がしたい」との答えが返ってきた。それで、作業所のスタッフに、一般企業での短時間就労をしたいとの彼の希望を伝えたが、

「作業所の仕事と優しい環境でも、朝起きられないのですから、とても無理ですよ。今のスキルではとても無理です」

と、一蹴されてしまった。

結局、作業所を辞めてしまった彼は、外来に母親に連れてこられた。

「息子が、毎日毎日Hさんが働いている関西空港のビルに入った会社で働きたいと言って、Hさんに電話ばかりかけるので止めるのが大変です。Hさんに迷惑をかけるので何とか言ってやってください」

そう嘆く母の傍で健太は小さくなりぶつぶつ言っている。

それで、

「関空は遠いし、交通費がかかるから、近くの会社での仕事を探してみよう」

と言うと、

「関空で働きたい」

と、小さな子が駄々をこねるように繰り返すばかりだ。

私はショートケア仲間のHに電話すると、

「今は求人がない」

との返事で、そのことを彼に伝えると今度は、

「Hさん、まだ仕事を辞めないのか」

と、Hが週に一度ショートケアに参加するたびに言い始めた。

彼がショートケアでよく知っていたHと同じ職場で働きたいのだと思っていたので驚いた。私は早とちりしていたのだ。彼は飛行場で働きたかっただけだった。さらに飛行機が飛び立つ光景を見ることができる職場を求めていることが分かった。

ジョブカウンセラーは、

「先生、ダメですよ。まだ一般企業での短時間労働はとても無理です、自宅から自転車で一五分の作業所で無理だったのに、二時間の通勤はとても無理です」

と繰り返すばかりだった。

それでも私は彼の並々ならぬ熱意を感じたので、一度だけチャレンジさせてやってほしいと頼んだ。というより無理やり探してもらった。そして、彼は待望の飛行場のすぐ近くで働き始めたので、

「仕事は楽しいか」

と訊くと、

「仕事は楽しくないですよ、休憩ごとに表に出て大空に飛び立つ飛行機をみているのが楽しくて仕事に行っているだけです」

とのことだった。いつまで続くか心配していたが、一年後も何の苦情も言わずに働いている。お金が必要なのも、飛行機に乗りたかったとの理由が後で分かった。彼は今もお金がたまると安い飛行機を見つけて、休みの日に関空から飛び立ってゆく。

どこに行きたいというのではない。ただ飛行機に乗れれば彼は満足し、仕事の疲れから解放され働き続けることができる。仕事に向かう動機は恋愛であったり、飛行機に乗ることであったりさまざまだ。就労支援は、各々の動機を知ることからスタートする。

電話が怖い――若者に共通する他者の評価への恐怖

電話をかける練習をショートケアでよくする。有名な国立大学を卒業して公務員になったがすぐに辞め、一年間哲学塾に通った以外は、六年近く自宅でこもっていた隼人（仮名）も電話を取るのが苦痛で仕事を辞めた一人だ。仕事に行こうと朝起きるのだが、家を出ようとすると電話の受話器を取る光景が浮かんできて、次第に足が動かなくなってしまったのだという。電話の応対で何か大失敗をしたのか訊くと、「特別なことは何もなかった、受話器を取ると冷や汗が滲み出てきて、声が震え始めたので、電話に近づけなくなった」というのだ。理由を訊くと、自分の電話での応対はなってないと思う、それを聞いていた職場の先輩たちが、いい大学を出てそんな対応しかできないのかと笑っているように思えてきたからだと説明した。

このように電話での対応を恐れる若者は多い。そこで、今、一番怖いものは何かと彼らに訊いてみると、「職場」、「父親」、「車を運転しているとき」、「知らない人」、「歳をとること」、「昔の嫌な思い出の夢をみること」、「外に出ること」、「考えてしまうこと」、「人の多いところ」、「昔の記憶とゴキブリ」、「対人関係が怖い、友達を辞めると言われたことがあるので」、「幽霊が怖い、実体がないから」、「大学が怖かったが、今はお金が無くなること」、「これから先が怖い」など、予想以上に多様な対象が挙げられた。そして、母親を挙げる者は一人もいなかった。

ショートケアで最初は緘黙だった若者が、半年を過ぎるとたいていは人が変わったようによくしゃべるようになる。毎回、私が一つテーマを出して話し合いをするのだが、だんだんひねった回答をするようになってくる。

例えばあるとき、私が孫に貸してもらい面白いと思った西尾維新の「忘却探偵シリーズ」の掟上今日子について話してから、「忘却、今、忘れたい記憶」をテーマに取り上げたことがある。そして、中学時代の母親の言葉やいじめなどの話を参加者が語り始めた時、皮肉屋でショートケア歴三年になる絢一（仮名）は、私が期待する答えを察して「『大学を辞めてしまった時の苦い経験』、とか『ひきこもっていた時の苦しさ』、……先生が求めているのはこういった答えですね」とくる。そして、「しかしこんなことは僕にとって意味がないですね、つまらない、今僕が忘れたいことは、今まで生きてきたことすべてです、すべての記憶を消しリセットしたいだけです」といった具合だ。このまま彼に勝手なことをしゃべらせては駄目だと思い、彼をサポーターにしたことがあった。絢一の私に対する皮肉屋ぶりは臨床心理士として専門職に就くまで変わらなかったが、仲間には信頼されるサポーターになり、講演会でも活躍するようになった。

ショートケアには、病院の職員、看護師かPSWが二人、そして、ひきこもり経験があるサポーターを二人参加させている。私のひきこもり回復支援プログラムでは、このサポーターが一番重要な役目を果たしている。最初、サポーターにトリックスター的な役割を期待していたが、結局この役割は私が演じさせられていたことに後で気づいた。

生意気な意見を言う絢一も電話が苦手な一人だった。私が電話をかけても出ないことが多い。それでメールを何回か送ると、やっと電話がかかってくる有様だ。病院のショートケアで週一、二回出会ったので何とか事足りたが、ＮＰＯ成立後この彼にあえてＮＰＯの携帯電話を持ってもらうことにした。すると案の定、「電話を何回かけても出ない、まだＮＰＯの携帯は使われてないのか」と、ＮＰＯ利用希望者の家族や公的機関の方から苦情の電話が自宅に入った。

その彼が数か月経ってやっと電話に出てくれるようになった。彼も成長したものだと喜んでいると、大阪の就労支援の事業所から専門家を一人雇いたいのだがいい人がいるかと連絡が入った。その事業所が子どもデイケアの部門を立ち上げるとのことで、臨床心理士か精神保健の専門家が欲しいとのことだった。そこでＮＰＯで頑張っている彼にこのことを伝えた。日頃、彼は関西では絶対に働かないと公言していたが、私が面接に同行すると伝えるとしぶしぶ応じた。そして、面接で給料を訊くとすぐに働くことをＯＫした。せっかくＮＰＯで役立ち始めたのにと、私は一瞬就職を世話したことをいつも後悔するが、卒業が優先だ。また一人、優秀な若者が私の元を去っていった。

このような電話に対する恐怖だけでなく、人前で話すのが苦手な若者も多い。それで私はショートケアの集団精神療法のメニューに「ロールプレイング」を入れている。例えば、就職面接、父親に大学を辞めたいと言い出す場面、そして、女性をデートに誘う場面で参加者たちが役割を交代しながら対話し、相手の気持ちを考える練習をする。

ある時、女性への声かけ練習で、公園のベンチで本を読んでいる素敵な女性が気に入って、声をかける場面を設定したことがあった。

そして、

「ベンチの前で本を落とし、それを拾いながらちらっと彼女を見て、いかなる声をかけるか……」

と提案したところ、

「今の時代にこんな想定はナンセンスですよ」

と一言で否定された。

また、父親に大学を辞めたいと言い出す息子の場面設定で父親役をしていた他の一人が、

「何かほかにやりたいことがあるのか、と訊けばいいのでしょう。本当は、辞めたければ辞めたらいいと言いますが」

ショートケアに参加して二年近くもなるとこんな具合だ。素直でなくなる。早く追い出さないと、私のストレスがたまる一方だ。

この絢一はカレーが大好きで、大阪に遊びに行っては、専門店をはしごして一日三回カレーを食べる人物だった。そして、三か月に一回実施していた、ＮＰＯの男たちの料理教室で、「後ろ姿に愁いをたたえた男たちのカレー作り」をテーマにしたことがあった。その時、カレーと焼きそばを作ることになった。すると私の妻と彼が論争を始めた。皆がどっちでもいいと呆れているのに、彼は焼きそばに玉ねぎを入れるべきでないと言い出し絶対引かないのだ。この頑固で人生を斜めから見る発言ばかりする彼であったが、一対一の不登校学生のサポートでは非常に喜ばれた。彼は不登校の子どもに優しくて、その母親への対応も私たちに対する態度とは全く違った。中学で学校に全く行かなかった子どもさんを何人も高校に入学させ、しかも毎日楽しく学校に通わせた。私は、彼は照れ屋で私たちの前では常に人生に失望した役割を演じているのだと誤解していた。

「忘れたいことは、これまでの記憶すべてです、人生をリセットしたいだけ」、「忘却、今、忘れたい記憶」

をテーマに取り上げて話し合っていた時に呟いた彼の生意気な言葉が、今も私の心に印象深く残っている。その時、参加者が皆彼を注視した。この言葉こそ、ひきこもる若者たちの心の内を代弁していたのだと思う。中学時代の不登校、大学の中退などなど、決して本意ではない、リセットしたい、しかし、それができないと分かっているから彼らは苦しんでいる。私が冗談半分に呟いたと誤解したこの一言は、実は彼の本心を一番よく語っていたのだ。

ネットとリアルでの人間関係のありかた

現在、リアルのあり様はすさまじく変化している。それに伴い人間関係や思考パターンも変化している。ショートケアでもゲームでの人間関係をテーマとして取り上げることが多くなった。最近取り上げた話題もその一つだ。

ある日、真夜中に中学三年生の親から電話がかかってきた。

「うちの子が明日、オフ会で大阪に行くと言い張ってききません、家を飛び出しそうです、何とか止めてください」

悲壮な母親の顔が浮かぶ。

「いいじゃないですか、男の子だし、大阪だとお家から二時間くらいだし」

と、眠さと煩わしさでいつものようにいい加減な返事をすると、

「またそんな無責任なことを、先生が止めてくれないと息子は家を飛び出してしまいます、息子に代わりますから」

と、有無を言わさぬ口調に押し切られ戸惑っていると、息子が仕方なく電話口に出た。

「明日、大阪で、昼間だし、先生、母親を説得してください、オフ会を楽しみにしていたので」

大喧嘩になっていると聞いたのに電話口での彼の声は冷静だ。

ここは何とかしなければ私の立場がない。そこで、

「親は何と言っている」

「大阪までついて行くと言っている。それでは面白くない」

情報収集を始めた。相手は一年年上の京都に住む高校生一人、ゲーム仲間で相手の性格もよく分かっている。私は単純に心配ないではないかと考えたが、親を納得させるためにと、

「彼と会うまで親について行ってもらいなさい。そして、相手を確認してもらいそれから両親には、二人で仲良くコーヒーでも飲みに、デートに行ってもらおう。これで妥協できる、君から説得できるか」

大人の妥協案を提示した。

「やってみます。大丈夫です。自分で説得できると思います」

との返事の後、電話は切れた。結果が気になったが、そのまま眠りについた。数日後、親は相手を確認してすぐに立ち去った、楽しかったとの報告が彼から伝えられた。

そこで、この話題を翌週のショートケアで取り上げたのだが、私の甘さを若者たちに追及される結果となった。ショートケア参加者の若者が、私の「オフ会に参加させていいのでは」との考えを、一人以外は全員が口をそろえて甘いと批判したのだ。相手が高校生と言っても嘘のことも多い、ネットでは別の人格になってもいいし、詐欺や宗教の勧誘もあるから危険だというのだ。

「ネット社会で生きる君たちがゲームの相手を信じないのか」

と、対応を非難された私が向きになって言うと、

「先生は分かってない、ネットでの関係はあくまでもネット上だけ」

と反論された。

彼らに言わせると、オフ会は邪道である、ネットでの関係はあくまでネット上で完結しなければいけないというのである。

二二歳のもう一人は、東京でのオフ会に一度参加した経験を伝えた。積極的に誘われたので参加してみると楽しかった。それでも自分から積極的にオフ会を探してまで参加しようとは思わない。和歌山や大阪は身近で嫌。ネットとリアルを区別していたが、最近、リアルでの友達も欲しくなってきた。一人では寂しい。ただ、ネットでリアルな話をするのは嫌、執拗にリアルな話をする人がいるが無視する、ネットだと無視しやすい。無視しても聞いてくる人があればスイッチを切ればいいので楽だと説明した。

ネットでの人間関係とリアルの関係は分けて考えると答えた者が多かった。相手のネット上のプロフィールをリアルと混同した私が間違っていたのだ。私は古い人間で、そんなにクリアカットに境界を引けない。外来で頑なに仲間づくりの中に入るのを拒否して、ネット社会で生きていた若者の中にも、リアルな友達を必要と感じ始めるとショートケアに参加する者も出てきている。

母親との関係

ひきこもる若者と母親の関係で気になるのは、過保護や過干渉だ。最近、日本や韓国だけでなく、世界各

国でひきこもりに関する調査が行われるようになってきた。そこで、ひきこもりの原因としてよく取り上げられるのが、母親の過保護、というよりも家族の手厚い加護の期間の長さだ。つまり、家族が長く子どもの面倒をみている国に多くひきこもりが見られることだ。

ひきこもっている若者はよく母親を攻撃する。一番彼らのことを心配してくれている母親に対してである。母親は言いたくないのだが、何年も彼らが家でこもっていると、つい学校に行かないのならアルバイトでもしたらと言ってしまう。それが毎日になると、その言葉に彼らは激怒し、ある時は暴力を振るってしまう。母親が困り果てて、暴力にどう対応したらいいのですかと解決策を求めてよく来られる。私は距離を取ってくださいという。息子に言い訳をしたり、説得しようとしないで買い物にでも出てくださいという。攻撃したことだけでも、彼らは後で後悔の念に苛まれる。まして、勢いが余って不本意にも母を傷つけてしまうと取り返しのつかないことになる。彼らは一番甘えられる人に、依存している人に攻撃するのだから。

機会があるたびに書いてきたが、ショートケアでも私がフィールド調査で観察してきたマヤ人の子育てを母親や若者に話すことがある。

マヤ人は三歳までに二つの重要な通過儀礼を行っていた。生後数か月まで、邪視から子どもの魂を守るための儀式、そして、三歳ごろに行う養父の儀式だ。邪視は子どもの病の名称であると同時に、この病を引き起こす邪悪な力の総称でもある。この病の症状は発熱、注意散漫、易刺激性、呼吸困難、睡眠中に金切り声を上げるなど多彩だが、私が観察した限りでは、夜に泣き止まずお乳を吸わなくなり衰弱してゆく状態が多かった。マヤ人はこの病の原因を、か弱い幼児の魂は、邪悪な力、つまり邪視により容易に力を失い、あるいは体から抜け出すからだと信じていた。それで邪視から守るため、母親は大きな風呂敷のような布で赤子を包み、首から胸元に垂らし常に肌身離さず抱きかかえ、邪悪な眼差しに曝さないように注意することを求められる。赤いストッキングキャップで赤子の頭から顔を隠しておく地域もある。子どもが邪視になれば、それは母親の不注意であり恥とされた。生後一年頃には、呪医が呼ばれ十字に組んだ棒に色鮮やかな毛糸を配した「神の目」を用いて、幼児の体と魂の結合を強化する儀礼を行う地域もある。そして、三歳頃に養父の儀式を行い正式の名前が付けられる。養父の儀式は、密林に一度わが子を捨て、養父がその子を取り上げ命名する儀式だ。子どもが強く育つために、母親の優しい眼差しと母子分離の必要があることを儀式で教えている。

人は誰かに依存せずには生きられない。依存の否定は孤立につながり、独立には適切な依存関係が必要となる。ひきこもる若者の親たちは十分に子どものことを考えてくれている。ただ時として子どもへの思いがちょっと過剰になるのだ。

こうして、母子分離の重要性を告げた後、母子間の距離の取り方に入ってゆく。母子間の距離を取るには、子どもよりもまずご両親への働きかけが有効だ。ひきこもり解決手引き書にご両親は普通の生活をして下さい、とよく書かれている。普通の生活をして下さいと言っても親たちは途方に暮れてしまう。うちの息子は料理もできないので、夫婦で最近は旅行もしていません、とよく嘆く言葉を聞く。私はご夫婦でまずは短期間の旅行に行ってもらう。いわゆる旧婚旅行の勧めだ。もちろん、私が彼の状態をつかみ、ある程度の関係が成立してからのことである。夫婦のやりたいことが子どものためにやれずにいる、子どもの犠牲になっているという気持ち、まして、子どものためには犠牲を惜しまないという思いやりは、子どもの負担となるだけだ。子どもが外出できず料理もできないとしても、深夜のコンビニならば他人に会わず店員とも言葉を交わさないで買い物をすることくらいはできるだろう。それさえできないようなら、ショートケアで顔を知っている仲間を派遣することもできる。

次に、ひきこもる若者へのアプローチだ。精神療法を行うにあたって、転移の問題が重要となる。病院では医師と患者との距離が保ちやすいが、大学やＮＰＯではかなり苦労する。集まってくる若者の中に、私に対して「僕はオジン中毒や」と言い出す者がいる。明らかに洗脳状態、私に保護者を投影しての依存状態であり、精神療法を行う者としては失敗だ。彼らのほとんどは、ショートケアやアミーゴの会に参加し始めた当初は女性に興味がないという。もちろん、彼らは少なからず女性に興味を持っている。オジン中毒ではだめで、異性、同性の仲間にこころを惹かれないと成功とはいえない。精神療法は薬物以上に副作用が強く厄介だ。

よく言われることだが、ひきこもりの治療の難しさは母親と子どもの相互の依存性の強さだ。母と子は空想的な密着した関係を形成している。この依存状態を徐々に緩和することから治療はスタートする。母親への依存の背景には、父親の不在があり、そのために治療者への転移は必要だ。治療者＝オジン＝男性への転移は、その父親の不在を仮に埋めることになり、その結果、父親からの限りない乖離がある程度まで修復され、自然に彼らから母親への距離が取れるようになる。そして、母親との距離ができた時に、うまく逃げる必要がある。それが私のプログラムでのメンタルサポーターやアミーゴの導入のタイミングだ。ここから自己との対話に終始していた段階から、本来の他者との関係がスタートする。

（注１１）ＷＨＯ（世界保健機関）が二〇一八年六月一八日に公表したＩＣＤ‐11（国際疾病分類　第11版）で「ゲ

ーム症（障害）」が採用された。

第五章

NPO成立まで

1　ひきこもり研究所「ヴィダ・リブレ」と「プチ家出の家」を開設するまで

私は、八年間和歌山県立医大の神経精神科に勤務した後、一九八二年から和歌山大学の保健管理センターで、スチューデント・アパシーやひきこもる大学生に関心を持ち、カウンセリングや訪問支援を続けてきた。その間に、自助グループ・アミーゴの会を結成し、二〇〇二年には、二〇年間にわたって蓄積した一一八人のデータを基に、「ひきこもり回復支援プログラム」を完成させた。さらに、二〇〇七年にキャンパス・デイケア(注1-2)を実現するなど、さまざまに大学生の支援活動を実践してきた。

その頃ようやく、大学の教員はキャンパスを出て地域貢献すべきだと叫ばれ始め、支援対象を私が勤務する和歌山大学の学生だけでなく、地域の若者にまで広げることが可能になった。そして、私のプログラムを利用した八割以上の若者が、ひきこもりから脱出できているという結果が出た。しかし、支援対象はあくまでも大学入学という大きな関門を突破した大学生中心であり、ひきこもり年数も二、三年と短かった。

二〇〇〇年代に入り精神保健福祉センターなどの公的機関の報告が出るようになると、私の守備範囲が狭いのでないかと疑問を持つようになってきた。全国の精神保健福祉センターの報告では、ひきこもり相談の半数は発達障害と診断されるとの結果がでた。さらに二〇一一年の内閣府の調査や二〇一六年の岩手県や青森県の調査で、ひきこもっている者の半数は一〇年以上の長期間に及び、しかも平均年齢は三〇歳を超えたとの報告が出た。私が大学で見ていたひきこもる若者の実態と大きく違っていたのだ。加えて、私のひきこもり回復支援プログラムの成果を国内外の学会で報告すると、予想はしていたものの「先生が対象としているのは、大学生のひきこもりであり、大学入学という関門を通過した若者で一段階難関をクリアしているので、予後がよいのは当然だ」との手厳しい指摘が出た。

このように当時から、ひきこもりの長期化がすでに問題視され、ひきこもる若者の半数はひきこもり年数が一〇年を超え、三〇歳以上に達しているとの報告が相次いでいた。私の回復支援プログラムの効果を大学生だけではなく、若者全般にわたって実証したいという思いと、ひきこもりの長期化が進んでいく現状を何とか変えられないかという思いが日々強くなっていった。

そこで、二〇一二年三月に大学を少し早く退職し、病院側の理解もあり同年四月から病院で「ひきこもり専門外来」と、集団精神療法や自助グループの形成を含めた「ひきこもり専門ショートケア」をスタートさせることになった。そして、二年目からは毎年一〇〇人以上のひきこもる若者が私の元を訪れるようになった。しかも、その約六割は県外からの若者で、最初の二年間の利用者の平均ひきこもり年数は約六年と長く、平均年齢は二六・四歳だった。しかし、病院でのプログラムの効果は大学時代と変わらず、二年内に八割はひきこもり状態を克服し、大学や専門学校に進学、復学、あるいは就職と何らかの社会参加をするようになる

表10　2012年度のショートケア参加者内訳

1．定期的参加者：
25名，平均年齢：26.4歳，
平均ひきこもり期間：6.2年

2．疾患別分類：
①二次症状で事例化した社会的ひきこもり：17名
②統合失調症：4名
③自閉症スペクトラム障害：4名

3．学歴：
大学院中退：1名，大卒：2名，大学休学・退学：11名，
専門学休学：1名，高卒：1名，高校休学・中退：9名

表11　その後の25名の仲間たち（2013.6）

1．就職：4名
2．復学：5名（内1名：高校）
3．他大学入学：3名（内1名：編入）
4．専門学校：3名
5．アルバイト：5名（内休学・アルバイト：2名）
6．家業：2名
7．自宅で受験勉強：1名
8．自宅で作品制作：2名

という満足のいくものだった。（表10、11）

こうして、全国でもまだ珍しかったひきこもり専門外来とショートケアを開設して、集団精神療法やレクレーション療法、そして、芸術療法等を実践した。このように成果は満足のゆくものだったが、予想外の結果も出た。大学と比べ病院に相談に訪れるひきこもる若者の背景に存在するこころの病理が随分と異なっていたことだ。ひきこもりの基礎疾患に、長期間未治療の統合失調症と何らかの発達障害を有する者がおのおの三割いた。私が社会的ひきこもりの中核群と考える社交不安をベースにする者が、大学時代と比べ随分少な

かったのだ。さらに年数が経過するとこの発達障害をベースにしたひきこもる若者が四割を超えるようになった。

これほど多くの未治療の統合失調症を有する人がひきこもりとされ、医療機関にかからず未治療でいることに驚いた。私は医学部を卒業して一年後に、和歌山県の南部にある公立紀南病院の新庄別館（現在の紀南こころの医療センター）に勤務した。その時、一〇〇名近い入院患者がいる女子病棟を一人で担当したのだが、その八割以上が一〇年以上にわたり長期入院していた。若き精神科医であった私は、そのことに驚き、病院でチームを組み一〇年以上入院していた患者宅を、休日を利用して家庭訪問したことがあった。長期化がいかに生じてきたのか、長期入院している患者が退院する可能性がないのかを知ることが私たちの目的だった。その訪問で、家庭に帰れない状況ばかりか、一〇年以上未治療で自宅に軟禁状態にある患者がいることを知り驚いたことがあったが、四〇年以上経過した現在、軟禁状態とは言えないが同様の状態にある未治療の統合失調症の患者に出会ったのだ。

もう一つ驚いたのは、成人期の発達障害をベースにしたひきこもる若者が多かったことだ。私は発達障害をベースにする患者の支援の在り方の確立に追われるようになった（第三章参照）。

さらに、医療という枠がある病院では、スタッフにも恵まれ、専門外来やショートケアもスケジュールに則り厳格に行えた。上述した未治療の統合失調症や何らかの発達障害を有する人の支援には特に有利だった。しかも、病院での専門外来と専門ショートケアは期待した以上の成果を得た。それなのに、私のこころの中のもやもやとした消化不良感が消えなかった。回復支援プログラムの中核となる、アウトリーチや仲間作りに窮屈さを感じ始めていたのだ。訪問も病院ではスタッフと往診の形をとらざるを得ない。往診という形でなく自由にアウトリーチができて、医療の枠に縛られることがない居場所を作りたくなった。このままでは自助グループが育たず、自由な雰囲気の居場所を作れないという危機感に襲われたのだ。そして、三年後にひきこもり経験がある仲間と、家族からちょっと距離を置き、自由に集い、悩みや夢を語りあえる場、自由な空間を創設する決心をした。

NPO設立に向けて

二〇一五年一〇月、この「プチ家出の家」運営委員会を結成して、初めての打ち合わせ会と交流会を実施した。私の他、臨床心理士、ジョブコーチ、メンタルサポーター（ひきこもり経験者）一八名で発足した。そして、和歌山県日高郡美浜町にある私の両親が住んでいた古い家を活用して若者の居場所「プチ家出の家」を開設した。このプチ家出の家を開設後、毎週末に一〇名以上、三か月に一回の食事会には二〇名以上、そして、年に一回の研修会には三〇名以上（時には五〇名を超えることもあった）が集まってくれるようになった。

ひきこもり研究所「ヴィダ・リブレ（自由な生き方）in美浜」では、ひきこもりとネット依存の研究と相談を行い、一方、「プチ家出の家（居場所）」では、共同生活による仲間作りを目的とした。ひきこもり者と家族は相互依存的になりすぎている。そこでひきこもり者が共同生活をすることによって、家族から少し物理的に、そして精神的に距離をとり、自立するきっかけをつくる場とする試みだった。仲間と共同生活をすることにより、プログラム化されたコミュニケーションや対人スキル・トレーニングでは獲得できない、実社会での対人関係や社交状況の場で役立つスキルを身に付ける場として設定した。

そして、一二月二四日に第三回目のＮＰＯ準備委員会と討論会を開催して、「ひきこもり支援ＮＰＯヴィダ・リブレin美浜」を立ち上げることが決定された。この時は、二八名の仲間が参加した。紀の川病院で専門外来やショートケアを立ち上げて四年後にやっとここまで進めることができた。

ＮＰＯの名称は研究所の名前「ヴィダ・リブレ」をそのまま用いることにした。

これまでの和歌山市を中心とした長年の活動に加え、私が住む美浜町に拠点をおいて、まず紀中でのひきこもり回復支援活動を強化することが決定された。

しかし、それからが大変だった。ＮＰＯ作りのことを誰も知らなかった。私といえば長年の大学生活で、目的や活動内容を提案すればすべてが順調に進むと呑気に考えていた。大学では、国にさまざまな書類を提出する際には、手間のかかる複雑な事務的な書類や会計の処理はすべて担当者がやってくれていた。

ＮＰＯが成立するまでも、ひきこもり相談や家庭訪問する機会、そしてアミーゴの会の参加者は順調に増えていた。それは私たちが理想とする縛りのない自由な活動だった。ただ、それまでの活動はあくまでもボランティア活動だった。私の一番の悩みは、社会に旅立つまでに二、三年リーダーを務めてくれるサポーターに、何ら経済的な報酬を与えてやれないことだった。覚悟はしていたものの、個人的な出費も多くなる一方で限界も感じていた。そして、活動を継続するためには何らかの公的な資金の導入が必要だと強く感じるようになった。その一つの案が、ＮＰＯを設立することだった。しかし、今年こそはＮＰＯを成立させようと声をかけるのだが、誰も動かず、さらに三年以上かかることとなる。定款作りから始まり、ＮＰＯ申請、そして、二〇一九年に公的な補助を受けられるまで苦手な事務仕事に忙殺され、悪夢に苛まれる日々が続いた。寒い雨が降り注ぐ日に、私は妻とＮＰＯの登記に法務局に行った。書類を提出して肩の荷をおろし疲れが出たのか、二人で廊下をふらふら歩いていると、親切な職員の方が「大丈夫ですか」と声をかけてくれた。気丈に「大丈夫です」と一瞬姿勢を正したが、駆け込んだトイレで鏡に映った血色の悪い、老いた我が顔に出会って、思わず「もう歳だな」と一人呟いた。

プチ家出の家

長期間ひきこもっていると会話が少なくなる。重い空気が部屋中に立ち込め、親の顔を見るのもつらくなる。なんとかこの状態を打開しようと思っているのだが、動けない。その焦りをつい甘えられる母親にぶつけてしまい、その後、後悔しますます気分が落ち込んでしまう。この悪循環から抜け出せない。抜け出すきっかけがない。そんな彼らがちょっとそんな閉塞感から抜け出す、プチッと家出する場として考えたのが「プチ家出の家」だ。プチ家出の家に宿泊可能なのは、二〇歳以上で、専門家によるひきこもり相談で許可した者だ。期間は三か月以内、定員は二~三名、料金は一日維持費として千百円必要で、メンタルサポーターが日常生活をサポートする。例えば、食事は自炊も可能だが、弁当をとることも可能。寝具は貸布団を使用する。NPOになってからは、NPOに入会することが必要となる。

このプチ家出の家で三か月に一回、「男の料理教室」と「公開討論会」を行っていた。

私の家から徒歩数分のところに松林がある。よく散歩に行くが、真夏でも一歩松林に入るとひんやりした空気が肌を撫でる。風が吹くと木々の囁きが私の足を止める。深呼吸してさらに松林を数分歩くと青い海原が広がる。大学で働いていた時に、この海辺でアミーゴの会のメンバーと、留学生や東南アジアの技術研修生の合同キャンプを行っていた。毎年、五、六〇人が参加してくれたが、この時ばかりはアミーゴの会のメンバーは生き生きと動き、大きな声を出して外国人に語りかけていた。留学生や研修生はたどたどしい日本語で、必死にアミーゴの会の仲間に話しかけ、それに仲間たちは普通に答える。最初の頃は相手が外国人だから話しやすいとだけ考えていたが、そうではなくこの「場」、「空気」がそうさせるのだと思うようになった。これこそが私たちが理想とする「居場所」だ。

ひきこもる若者は、ひきこもり状態から脱しても、なるべく煩わしい対人関係の少ない職場を選ぼうとする。ネット社会が発展し、自宅にひきこもって仕事をすることが可能になった。小遣い稼ぎはネットで、そして友達はリアルで求めるといった若者も多くなってきた。ひきこもる若者が、時代を先取りした仕事のあり方を模索していたと考えられなくもない。そして、そういった若者の活用を考えて、遠方からインターネットで必要な技術を教え、その技術が適当なレベルに達するとインターネットで仕事を提供するというような新しい会社ができてきた。私たちの講演会や集まりに、宣伝を兼ねてそんな会社の方がよく来られる。そのたびに私はこれでいいのかと頭を抱える。しかし、時代は確実に変化しているのだ。

現在、若者たちは無理をしてひきこもりを解決しなくても生きてゆける。私たちが「プチ家出の家」でやっている対話や、リアルな対人関係の改善を目指す取り組みが、空しくさえ思えてくることがある。それでもリアルな人間関係の必要性は、決してなくなることはないと信じて続けている。

この「プチ家出の家」は、私が親の介護のために故郷美浜に帰り、両親のために建てたもので雨漏り一つしない頑丈な造りだが、かなり古いものだった。この家を見て、若者たちが最初に言ったのは、「水洗トイレがない」ということだった。トイレのない密林で生活経験がある私には考えられないことだったが、若者たちがどうしても水洗トイレでないと生活できないと主張したので、二〇一六年からトイレ、風呂、そして、台所などを中心にリフォームした。大変な出費となった。また、自助グループの集まりをこの時に「アミーゴの会in美浜」と命名した。

アミーゴの会は、社会参加への第一歩を歩み始める場

アミーゴの会についてはこれまで機会があるたびに説明してきた。本書では簡単に説明する。一九八二年に和歌山県立医科大学から和歌山大学に転職した私は、こころの悩みを抱える学生の自助グループ「老賢人会」を結成した。この自助グループの呼称は一九九三年に「アミーゴの会」に変更され、同時になんでもありの学生の溜まり場として「アミーゴの部屋」が大学内に、しかも学長室の上に新設された。ここでも鍋会を時々行っていた。たまたまその日は肉をベランダで焼いていた。この日は、入試問題の間違いが指摘されマスコミに対する説明会が行われていた。そこに、香ばしい焼肉のにおいが侵入していったのだ。学長から、焼肉だけはやめてほしいとの電話が入った。この学長、講義を行っていた頃には、阪神が勝つと無条件で試験を通したとの噂があった。余裕と許容力のある学長、古き良き大学文化がまだかすかに残っていた時代だった。

「老賢人会」と名付けたのは、一〇年間大学で私と苦楽を共にした和生（仮名）だった。その大学に入学して三年目に和生が、登校時に胃腸の不快感を訴え保健管理センターを訪れた。私が精神科医であることを告げると、彼は心理学や精神医学を勉強しているので精神科医の助けはいらない、下痢や腹痛だけを治して欲しい、胃腸がよくなればこんな大学の授業や試験は簡単にクリアできると、生意気なことを言った。彼と何か月か心理や精神医学について話し続けているうちに、彼はこのままでは卒業できないのではないか、不安

だ、と本心を打ち明けるようになった。彼は有名進学高校の出で成績は優秀、医学部への進学を希望していたが、センター試験の成績をみて、とりあえず和歌山大学に入学したとのことだった。しかし、四年間一度も医学部を受験しなかった。失敗が恐かったからだ。こんな学生は今も多い。

私と出会って数か月後に登校し始めたのだが、試験前になると不登校となり、試験が終わると何事もなかったように私の部屋に姿を見せる。のんびりやの私も痺れを切らし、試験が近づくと彼の下宿を訪問するようになった。そして、私が連れ出すと試験を受け、彼は言葉通り優秀な成績を収めるのだ。何回か訪問した後、仕事が忙しくて彼を迎えにいけなくて困っていると、その場に居合わせた、少し元気すぎる晋（仮名）が俺に任せろと代わりに迎えに行ってくれた。

晋は男前だったが、自分の顔が醜いと思い込み、何度も整形手術を試みようとしてご両親を困らせていた学生だ。彼は青年期によく見られる醜形恐怖症で苦しんでいた。治療後、彼はトップクラスの成績を収め、大学院への進学をゼミの先生から勧められるまでに回復した。

この彼が、「先生忙しそうだからいいよ、俺が和生を連れてきてやる」と、毎日押しかけるようになった。今日はお腹が痛い、二日酔いで頭が痛いといったふうに、何か口実をつけて部屋にこもろうとする和生のプライドなどお構いなしにアパートに押しかけた。しかも、和生が言い訳すると、「また甘ったれたことを言っている、結局お前は試験に落ちるのが怖いのだろう」と、ズバリ一言、後は問答無用で連れ出そうとする。言い訳が通じないことを知ると、うるさい晋から逃げるように彼は試験の日にも自ら出てくるようになった。

和生は、「晋をよこさないでくれ、うるさくて迷惑だ、彼を派遣されるくらいなら自分で出て行くから」と苦言を漏らすようになった。それからは集団精神療法にも積極的に参加するようになった。それでも少し気を緩めると不登校を再開する。すると、その少々騒がしい仲間（アミーゴ）が、素早く下宿に向かう。アミーゴ派遣、アウトリーチ型支援の誕生だ。そして、和生と晋が毎日のように私の部屋にやってくるようになると、他の学生も集まり始めた。クラブ活動を熱心に続けキャプテンも務めたが四年間で一単位も取れなかった学生、恋愛や海外旅行には熱心だったが授業には足が向かない学生、等々、長く私の元にたむろする学生が次第に増え自助グループ「老賢人会」が誕生した。

この「老賢人」は二つの意味を持つ。自分たちは六年、七年と大学に居座り歳を取っているが、四年で卒業する連中よりも知的なのだという直接的な意味と、ユングの「老賢人」の意味を併せ持っている。アパシー学生には、よく言われるように問題が生じるとそれと対峙して解決しようとするのではなく、回避しようとする傾向が強くみられる。また、どうしようもなく生意気な口を利く。しかし、よく考えると負け戦には参加しない賢者であるという、彼らなりの理由はある意味では当を得ている。

ユングの「老賢人」は、依存できる父親の究極的な形で、強くて恐ろしいイメージと同時に、優しいイメージの両側面を含み持つ。日本では強いイメージはあまり出てこないといわれる。しかし「老賢人会」の命名者和生は、父親のことを一度も「父」、「おやじ」、そして、「お父さん」と呼んだことがなかった。彼はいつも父親を「鉄仮面」と呼んでいた。小学校の校長をしていた彼の厳格な父への反抗、日本ではあまり出てこない、善悪の判断を厳格に下す「厳しい父」への反抗として「老賢人会」が誕生した。

彼ら「老賢人」の仲間たちとの付き合いは、一〇年以上に及んだ。酒を酌み交わし激論し、さらに、留学生を巻き込んでの五〇人規模のキャンプ、一泊二日の合宿研修会、そして、海外遠征に至るさまざまな活動を実践できた。

そんなよき時代もやがて終わりを告げ、二〇〇三年に自助グループは「老賢人会」から「アミーゴの会」と名称を変更した。そして、スチューデント・アパシーの時代から、社会的ひきこもりの時代へと移っていった。少なくとも、この頃まで集まってきた若者たちは、思春期の未熟な香りをむんむん漂わせる一方で、大人へと成長しつつある気配を感じさせた。しかし、社会的に長期間ひきこもった若者の表情や仕草は、それまでの生活がひどく疲れたものであったことを窺わせる。

病院での自助グループ「フロイントの会」は、思うような活動ができなかった。それが、NPOを作る動機の一つでもあったのだが、美浜の「プチ家出の家」を開設後、待望の「アミーゴの会in美浜」を立ち上げた。そして、今、毎週土曜日に多くの若者が集まるようになった。

討論会

男らしさとは

すでに書いたように、私のショートケアやアミーゴの会の参加者は九割以上が男性だ。また、全国平均でもひきこもりの八割は男性と言われている。

二〇一八年一〇月の討論会で「男らしさとは？」をテーマにしたことがあった。以下が、その時の参加者の意見の概要だ。

A：男らしさに体格は関係ない。二〇〇〇年くらいまでヤンキーがいた。現在は、女性のほうが強い。男性は弱くなった、草食系と言われている。

B：男らしさは、ケンカが強いこと。女らしさは料理ができること。

C：男らしさはあやふやだ。今はヤンチャをしてたら、あいつはアホやと言われる。

D：小学校から、学校で無茶をする者はなかった。中高一貫の進学校だったので、生徒は皆ちゃんとしていた。暴力を振るったり、暴走する者はなかった。

今、男の子は、爽やかでないとだめ。

E：女の子を守るのが男らしさや。

F：工業高校だったので、高校時代ヤンキーしかいなかった。長男でも今は相続のことを考えなくてもいい。

G：男らしさは、体格がでかいことかな。昔は力仕事が中心だったので。今は頭脳ワークだから体力は必要ない。

H：不良はいなかった。男性は皆大人しかった。

I：長男を意識する。ギャルの喧嘩はハムスターの喧嘩と同じだ。

——続いて、日本社会における男性の優位性について訊いてみた。

C：男性の優位性はある。男性が向いている仕事、女性が向いている仕事があり、それは昔も今も変わらない。

J：男性社会はまだ優位にある。専門職はまだ男のほうが優遇される。夜勤、肉体労働の仕事とか、労働環境が男性には酷になっている。女の人はいろんな面で弱い。しかし、女の人はその弱さを生きるすべにうまく利用している。

G：今も、男性優位社会はあるのではないかと思う。社会に出たらあると思うが、外に全く出ていないので分からない。

K：男性は仕事で優遇されている。スポーツでも、優勝賞金は男性のほうが高い。

M：平均寿命をみても男性は弱い。病気になりやすく、ストレスを感じやすい。

N：しかし、男性のほうがストレスを発散する手段を持っている。

O：男性のほうが出世しやすいし、稼ぎやすい。しかし、女性のほうが得をする。すぐに男のくせにと言われる。

P：女性にはまだ逃げ口がある。女性のほうが生きやすい。それで男性にひきこもりが多い。外で仕事をしなくても、家事をやっていればいい。

Q：都会では結婚を前提にしていない。地方はまだ形にとらわれている。

七〇年代は、学校では校内暴力の風が吹き荒れていた。私の隣町の学校は窓ガラスがなかった。新しく替えてもまた割られた。風通しの良い学校だった。

　中学校に入ると不良グループが形成されていた。ただこの頃は、普通の生徒には彼らは手を出さなかった。まだ陰湿ないじめはそれほどなかった。男としてのプライドを持ち、自分を大きく見せるのが男らしいと考えていた。しかし、次第にそういった男性は女性に相手にされなくなった。現実ではジェンダー神話が崩壊しているのに、彼らが考える「男らしさ」は、ステレオタイプで古い観念にとらわれたままであり、現実に対応できていないことが分かる。

　男と女と言えば、マヤ社会で男性は異性への好意を伝えるのに口笛を用いていた。一方、かつて日本社会では、「目は口ほどにものを言い」と言われていたように眼差しが重要な役目を果たしていた。コミュニケーションには言語的と、しぐさやまなざし等の非言語的コミュニケーションがある。

　現在の非言語的コミュニケーションの一つの手段として、若者はメールで絵文字を多用している。絵文字は、生の会話での喜びや怒りなどの表現が伝わりにくい。そのために、近年のヴァーチャル・コミュニケーションは声や映像を使用するようになった。表面的には、よりリアルな人間関係に回帰したように思えるが、実は全く逆だ。近未来に待ち受けている新たなネットでのコミュニケーションの到来とその課題を予感させる。自身の分身を創造、操作し、そして、相手の分身との関係に入るのだ。直接会話し、相手に自分の感情をさらけ出すことはなくなりつつある。


　こんな討論会が、この「プチ家出の家」で「男の料理教室」が開かれるたびに繰り返された。男の料理教室は、「恋人のいない男たちの鍋会」、「線香花火をする後ろ姿に愁いをたたえた男たちの焼肉会」、「男はつらいよ、アミーゴの鍋会」等と銘打って、三か月に一回行われる「プチ家出の家」での人気行事となった。

　討論会の内容も、「ひきこもって生きることは可能か？——ネット時代の新たな生き方を探る」、「何年間ひきこもれるのが理想か?」……、とさまざまだった。

プチ家出の家開設二年目に行った男の料理教室のチラシに、私は次のように書いている。

五月の連休に妻とインドネシア南スラウェシ州のPangkajeneに行ってきました。一七年前、隣町の御坊市に、外国人研修生が四〇数人住んでいました。その青年の一人を訪問したのです。彼は御坊で三年間働いたお金で、レアメタルの発掘と運送をする会社を立ち上げ成功し、この春にお礼をかね来日しました。是非、家に来てほしいとのことだったので行ってきました。楽しいひと時を過ごすことが出来ました。長年興味を持っていた、バリ島の儀式に関しても少し知ることが出来ました。この秋に美浜に来たいと言っています。彼の島は日本とこれまで馴染の薄い島ですが、これから、魚の養殖や鉄道の建設で日本との交流が進みそうです。

ひきこもりの活動ですが、この春多くの仲間が私の期待を裏切って社会に出てゆきました。今月の「アミーゴの会in美浜」は「心ならずも社会に出た、あるいは、出ることを踏みとどまった男たちのボヤキ鍋」にしたいと思います……。

青空討論会——給料三〇万以上でないと働かない

男の料理教室に参加するのは三〇名までだったが、一年に一回行う青空討論会にはいつも四〇名前後の若者が参加した。

すでに述べたが、青空討論会は「道草や」の仲間が一年に一回開催していた「はっぱ祭り」と連携して行っていた。第一回青空討論会は、二〇一五年七月一八、一九日に、私が住む美浜町にある通称アメリカ村の海辺で、自然農耕を営む「道草や」の若者の協力を得て、メンタルサポーター養成研修会を兼ねて行った。テーマは「自由に生きる—若者にとって生きづらい現代社会でいかに生きるか—」だった。この時は、台風が接近していて中止を考えたのだが、「道草や」のはっぱ祭りと連携して行ったので強行した。和歌山駅から御坊駅までの電車が途中で止まったにもかかわらず、二八名の若者が参加した。

草原に自由に座っての討論会だったが、ひきこもり経験者と「道草や」のゲストは一目瞭然に区別ができた。ひきこもり派は色が白く、「道草や」の野生派は日焼けした肌を太陽に晒し、素足でやってきた。

この討論会で印象に残っているのが、一か月いくらあったら生活できるかとの話が出た時のことだ。ひきこもり派の一人が三〇万円以上はないと生活できないと言い出した時、野生派が立ち上がって、自分たちがいくらで生活しているのかを知っているかと抗議した。その彼は幼い子どもを二人抱え、平均八万円で生活していた。彼らの年間の定期収入は、南部での梅取りと、有田でのミカンの収穫で約二〇日間労働した報酬だけだった。それに加えて日曜日にあちこちで開催されるバザーに出かけては、メキシコ風の手作りのネックレスやブレスレット、パンタロン、休耕地を無料で借り栽培した有機栽培の野菜、そして、ケーキなどを売って生活の足しにしていた。この彼らにとって、生活をするの

写真　青空討論会

に最低三〇万は必要とするひきこもり派が理解できなかったのだ。彼らは、南から打ち寄せる潮の音や風が運んでくる香りを楽しみながら、自作の曲を奏で歌い生活していた。

この時は、テントを張ってのキャンプだったが、テントに雨水が入ってきたり、波の音が怖いと逃げ出す者がいて、結局最後までテントで寝たのは七、八名で、残りの者はプチ家出の家でごろ寝した。この青空討論会、この後も何故か台風に好かれた。

2 ＮＰＯの素晴らしい仲間たち

一〇名の盟友

こうして、右往左往しながらも私の妻と一〇名の仲間でＮＰＯを立ち上げた。ここで、一〇名の素晴らしい仲間のプロフィールを簡単に紹介しよう。

中年の（？）臨床心理士石橋さんは、大学卒業後、一度出版社に勤めていたが嫌気がさし、地元に戻り公立病院で長く臨床心理士をしていた。音楽をこよなく愛し、ロックのライブでは別人格に変貌する人物だ。絵や文章も器用にこなす多彩な能力の持ち主でもある。私が大学に勤務していた時に、兼業でこの病院で週一回外来診察のアルバイトをしていて彼と知り合った。

和歌山大学在職中に出会った平石君は、大学院を中退しフリーのプログラマーをしていた。一〇年ほど会っていなかったのだが、放送大学の公開講座を聞きに来てくれ、再度、仲間として活動してくれるようになった。とにかくＩＴが苦手な私にとって貴重な存在で、ＮＰＯのホームページをいとも簡単に作り、その後も管理してくれるようになった。

玉段君は、ベビーフェイスだがはっきりとモノを言う貴重な存在だ。大学時代から料理が得意だった。彼が作る料理は絶品で、大学時代には彼が作ってくれるケーキを、首を長くしてアミーゴのメンバーと待ち受けていた。アミーゴの部屋での定期的な鍋会や、中国人留学生がよく作ってくれた餃子を食べる会でも、いつも彼が采配を振るってくれた。それが、ＮＰＯの男の料理教室でも続いた。経済学部を卒業したが、教師になりたくてアルバイトを続けながら通信制の大学で教師の免許を取った努力家だ。ＮＰＯでは、お金にルーズな私のご意見番となり支えてくれることとなる。

その他のメンバーは、名前を出すことを嫌がるので今回はイニシャルにしておく。いつか、彼らの思いを彼ら自身の手で一冊の本に記してほしいと思っている。

Ｈ・Ｔ君は、ゼミの先生が気に入らず国立大学をわずかな単位を残して中退し、その後長くひきこもり私の元に連れてこられた。彼は通信制の大学に編入し、簡単にＰＳＷの資格を取ったが、和歌山では絶対働かないと言い続けていた人物だ。けれど二年後には、若者の就労支援事業所で専門職員として和歌山で働くようになった。彼は「きっと東京に出て働く。今は仮の姿だ」とうそぶいている。

Ｔ・Ｍ君は、大学の駐車場診察で出会った。彼は五年で大学を卒業した後、メンタルサポーターとして二年間勤めた経験がある。おしゃれで繊細、コンピューターでのイラスト制作が得意で、ＰＳＷとＳＷの資格を持つ。

Ｔ・Ｈ君は、大学を中退し、一時、スロットで小遣いを稼いでいた。ぶっきらぼうで、対人緊張が強く、彼の風体も禍となってか初対面の若者から怖いと言われることもあるが、少しでも親しくなるとすぐに彼の人となりが伝わってくる。優しく面倒見がいいのだ。

U・M君は、有名私立大学を卒業後、一流国立大学に再入学するも中退し、私の元に来てからは教師になりたいと通信制の大学に通い始めた。利用者に多い、悩める学力優秀な若者だ。

N・I君は、社会人経験がある中高年のひきこもり者の一人だった。コンピューター技術、特にソフト面が得意だった。後輩のアミーゴから慕われる兄貴分的存在だったが、シンポジウムなどで話すときは必ず原稿を用意するなど繊細なこころの持ち主だった。

H・Y君は、ゲームオタクで、大学を中退するまでにプチ家出をして家族を困らせた。彼はメンバーの中では私との付き合いが一番長い。ショートケアや討論会ではいつも私に助け舟を出してくれた。アルバイト代が入る度に母親にケーキなどを買って帰る優しい人物だ。

Y・K君は、緘黙を主訴として私の元を訪れた一人だったが、マスコミの取材にも堂々と答えてくれるようになった。問いかけにも、いつも分かりやすくゆっくり答えてくれるので妻のお気に入りの人物の一人だった。

私のNPOの売り文句は、「全国どこでも通用するひきこもり回復支援の専門家集団」だ。アミーゴの会は、自称アパシードクターである精神科医、ロックをこよなく愛す臨床心理士、皮肉屋とおしゃれな精神保健福祉士（二名）、鍋奉行の教員免許取得者、ゲームの知識に精通しているが必要最低限しか働かない病院のサポーター経験者など、つわものの集まりだった。

この盟友たちを中心に素晴らしい仲間アミーゴが集まるようになった。そして、仕事に就く前に必要なソフトな疑似社会経験をする場である「プチ家出の家」に集い、話に花が咲くようになった。

続いて、この楽しいアミーゴの会の仲間たちとのエピソードを一部紹介しよう。

一人鍋

久生（仮名）は高校卒業後、イタリア料理の専門家を目指し専門学校に進んだ。しかし、どういう訳かIT企業に就職した。しかも、約二年で仕事への意欲を失い退社して、一時就労支援の事業所に通い詰めるも、それも続かずひきこもり状態となってしまった。そんな彼が母親に連れられ専門外来を受診した。抑うつ気分を認めるが治療レベルでなく、私の勧めでショートケアに参加するようになった。すべてのプログラムに積極的に参加し、仲間とよく話をするのだが、どうも相手の話が耳に入っていない。話が一方的で周りの空気が読めず、徐々に集団の中で孤立し始めた。彼が特に積極的だったのは卓球だった。中学時代に卓球部に入っていたとのことで、スポーツが苦手な仲間を感心させた。しかも、逃げ腰な仲間にも熱心に教え始めた。こうして、得意な卓球を教えることでショートケアの仲間の輪に何とか加わり始めた。その頃ショートケアにはもう一人、同じく中学時代に卓球をやっていた一〇歳年上の先輩がいた。彼は集団精神療法やレクレーションにいつも参加するのだが、仲間の輪に入れず、仲間から一、二メートル距離を置いたところが彼の安心できる定位置となっていた。この仲間の輪に入れなかった先輩が卓球部だったことを知ると、未経験者ばかりでまともに勝負ができずに困っていた久生が、この先輩に積極的に声をかけるようになった。こうして、久生に引っ張られる形で先輩も嫌々仲間と卓球をするようになった。

一年後、今度は逆にこの先輩に誘われて久生がアミーゴの会に参加するようになった。この彼が三か月に一度行っていた料理教室（その時は「恋人のいない男たちの鍋会」のタイトルで実施したのだが）で彼は一人鍋をやり始めて皆を驚かせた。この頃は鍋会を自腹でやっていたので、いつも安い鶏肉が食材の中心だった。ところが彼はネットで見事な蟹を取り寄せ持ってきたのだ。

彼は鍋会の二日前、病院でのショートケアに参加し、私に、

「プチ家出の家の冷蔵庫は冷えてますか、必ず電源を入れておいてください」

と、突然言い出した。

実は電気代の節約で普段は電気を切っていた。

「どうして」

と私が訊くと、

「蟹をネットで取り寄せたので」

との返事だ。

「今度は美味しい鍋が食べられるな」、

と喜んで言うと、

「僕の分だけですよ、先生や皆の分はありませんよ」

と堂々と言う。

内心、許せない奴だと一瞬腹が立ったが、彼は潔癖症で、鍋に他人が箸を入れると食べられなかったことを思い出し、

写真　鍋会

許す気になった。そして、最後に、

「先生、小さな土鍋はありますか、用意しておいてください」

と付け加えた。彼の両親はどんな教育をしてきたのだと、声も出せず頭を抱え込んでしまった。

こんなことはアミーゴの会では日常茶飯事だ。私が差し入れのプチケーキを皆に配るために数を数えようとしていると、そのことに気付かず一人でむしゃむしゃと食べてしまったり、ペットボトルのコーラをごくごくと飲んで平気な顔をしていたりして私を呆れさせるアミーゴもいる。ここは忍耐、忍耐と自分に言い聞かせ何も言わないことにした。

そして、男の料理教室当日、彼は堂々と一人鍋を始めた。大人しい仲間たちは恨めしそうに彼を眺めているだけだ。この雰囲気を察知し、その場の空気を変えたのが妻だった。

「おいしそうだね、私にも蟹の脚を一本頂戴」

すると、彼はにこにこと、

「いいですよ、余りそうだし、僕がとってあげるから皿をください」

そして、恨めしそうにしている私を見て、

「先生もどうですか」

とやっと言ってくれた。

それをきっかけに妻が、

「皆も少しもらったら」

と声をかけると、欲しいと手を挙げた若者に、

「箸を入れたらだめ、私が取ってあげるから」

取り箸で妻が少しずつ分け始めた。

彼がわがままで一人鍋をしているわけではないことが自然に伝わった。

これを機に、彼は一人鍋に向けられた白い眼を少しずつ意識し始めた。仲間は、彼が鍋に他者が箸を入れると食べられなくなることをすぐに理解してくれた。その後も彼の一人鍋は続いたが、妻の言葉に耳を貸し、少しずつ自分用のご馳走を皆に配るようになり、皆も喜んでいただくようになった。さらに、この一人鍋を契機に彼の特殊な趣味が分かってきた。彼はものすごく味にこだわるのだ。特に醤油に関しては誰にも負けない知識を持っていた。

「調味料の専門家になれば、……例えばコーヒーのように」

その頃、利きコーヒーの世界大会で日本人が初優勝したと報じられていたので、私が話題にしてみると、

「僕もそれを考えたのですが、調味料の専門家は日本ではまだ三人なので。でもそれで食っていけそうにないので」

と、ニコニコと顔をほころばせ答えるのだ。

こうして、彼は皆から受け入れられるようになっていった。場違いな彼の発言に誰も顔を歪めることはなくなった。

しかし、これから厳しい現実が待ち受けている。いかにして社会で通用するように彼の表現をちょっと「修正」するか、専門家としては認知の歪みの治療と言うのが正しいと思うが、どう修正するかを考えなければいけない。こんなことを考える自分が嫌になることがある。

集団活動に入れない、周囲の雰囲気をつかめないことが発達障害の特徴であり、そこに配慮したケアが必要と言うのはたやすい。余裕のない社会は、彼らの優しさや豊富な知識に気付く前に彼らを社会から排除しようとし、こんな彼らのこころから湧き出る笑顔を奪ってしまいがちだ。

今回も妻の場を和らげる機転に救われた。

草食系、それとも肉食系？　いや、僕たちはロールキャベツ系

ＮＰＯの男の料理教室が、何らかの恐怖症状を持つ若者に思わぬ効果を示す時がある。ショック療法というより、治療を意識しない自然な働きかけだ。

ＡＳＤは草食系で、ＡＤＨＤは肉食系とよく言われる。確かにＡＳＤの若者は異性に対する関心は薄い、というよりもともと対人関係を持つことに臆病であるから当然のことである。一方、ＡＤＨＤの若者は異性に関心が強い。

私たちのショーケアで一クールの間に一回は結婚をテーマに取り上げる。そして、その答えが回数を重ねるごとにパターン化してくる。「私たち草食系は異性なんかに興味はありません」、「煩わしいだけです」、「それに結婚すると自分の自由な空間が守れません」。一方、肉食系は「結婚したいのですがなかなかチャンスをつかめません」、「付き合ってもすぐに振られます」。そして、常識派は、「仕事をしていない今は結婚など考えられません」とうまく逃げるようになる。

良夫（仮名）は、公務員や福祉関係の規則や法律に関する知識が豊かだった。大学で医師、看護師などのスタッフが打ち合わせをしていると、その場の雰囲気が読めずに割り込み間違いを指摘し、豊かな知識を披

露するので、ひんしゅくを買い徐々に敬遠されるようになっていた。彼は、正しいアドバイスなのに何故受け入れられないのかと悩み落ち込み、何度となくひきこもった経験の持ち主だった。この彼は、ショートケアやNPOの集会や食事会でも、初めての参加者やその場に馴染めない人を見ると放っておけない。彼らが楽しめるようにするのが先輩の義務だと考え、彼らが孤立しないように必ず優しく声をかける。積極的に話しかけない若者が多い中では異色の存在だ。特に、忙しくて私の配慮が行き届かない大人数での食事会では貴重な存在だった。私たちの集まりは女性が少なく、私同様に、これには異論が多いがさておき、女性慣れしていないので、女性は最初だけ孤立しているように見える。というのは女性の方が実は非常に積極的で、一度きっかけをつかむとよく話すようになる。女性は社会に出てゆくのが早いことが多い。

良夫は鍋会で、臨床心理の先生に伴われて初参加した二四歳の女性が誰とも話していないことに気が付いた。当然のことながら彼は義務感に駆られ声をかけ始めた。心理の先生が心配顔で見守っている。そんなことはお構いなしに優しくしゃべり続けるのが彼のいいところだ。皆は、私を含め焼肉を食べるのに忙しく、初心者に気を遣う余裕がない。まずは食べそびれないようにすることが肝要だ。

ある程度食事が進むと、妻がいつものようにおにぎりを作り始めた。彼らの食欲に限りはない。いくら肉があっても足りない。そこで妻が頃合いを見計らって、いつも焼きそばやおにぎりを作り始める。

いつものことだが、妻がおにぎりを握り始めても誰一人手伝おうとしない。私は暇を持て余している男性二名と女性一名に声をかけた。

「おにぎりを握るのを手伝って」

この女性が、良夫が必死に声をかけていた女の子だった。彼女は不潔恐怖症に悩んでいた。彼女はしばらく躊躇していたが、サランラップで熱々のご飯を包み、妻の指示通りに大きなおにぎりを作り始めた。男たちが熱いと騒ぐ中、平然と握っている。ただ何度となく手のひらを注視していたのに私は気づいた。手をいつも洗いすぎて、表皮が薄くなり透けて見える手のひらが痛々しいほど赤く染まっていた。それでも彼女は握り続けた。しかも、彼女の手のことを気にかける気配がない妻や男性たちと談笑し始めたのだ。それをきっかけに彼女は妻と話すようになった。妻は良夫の誘惑から見事に彼女を守ったのだ。

この彼は一年ごとに仕事を辞める。そのたびに彼女から愛想をつかされる。しかし、彼の優しさが災いして（？）また新たな彼女ができる。男たちのほとんどはそんなことに関心を示さない。私だけが羨ましく思い、そのことを話題にしてひんしゅくを買う。

降ってわいたロシアTVの取材

私は新聞の取材などを後先考えずになんでも受け入れる。自分でもそんな性格に困っているのだが、仲間たちもすっかり慣れて、またかと適当に応じている。二〇一八年一月のある日、ロシアのテレビ局（RT）から取材依頼の電話が入った。日本の若者のひきこもり、特に、ネット依存に興味を持っていて取材可能かというのだ。普通だとここで詳しく彼らの目的や私たちに何故興味を持ったのか聞くものだが、安易にいいですよと答えてしまうのが私の悪い癖だ。

この時は、ロシアのテレビ局から依頼されたという若い女性から病院に電話が入った。東京に海外のテレビ番組の制作をコーディネートする会社があり、その会社に彼女の友達が勤めていて、アルバイトをしないかと声がかかり、引き受けたとのことだった。彼女は大学生時代に、チェルノブイリの原発事故で被害を受けた子どもの支援活動をしていて、ロシアで支援活動をしていた日本人医師のドキュメント番組の制作時に通訳していた経験があることなどを必死に説明してくれた。

それまで私にとってロシアは遠い存在だった。モスクワまで飛行機で何時間かかるかさえ知らなかった。ところが、彼らが特にひきこもりの人への家庭訪問の取材を希望しているのを知ると私も焦った。とても無理な話だと思ったが、通訳の女性の素人っぽい無茶苦茶な依頼に親近感を感じ、一応、ショートケアに集まった若者に、ＲＴの取材を家で受けることが可能な者がいるか尋ねてみた。予想通り皆は相手にしない。やはり不可能だなと言ったとき、滅多にショートケアに来ない一郎（仮名）が手を挙げた。直接、話を訊いて彼の条件が受け入れられれば家庭訪問してもらってよいとの返事だった。私は親が許可するかどうか心配だったが、彼は、親は関係ないと言い切った。

一郎と通訳の彼女との交渉で取材受入れが可能となったが、しばらく連絡が途絶えていた。それが突然、一月二六日に和歌山に入る、四日間の日本の取材許可が下りたとの連絡が入った。私の病院、ＮＰＯなどの予定を教えてほしいという。取材は流れたと考えていた私は戸惑ったが、二六日は新しいゲームソフト発売日で、一郎はその日から徹夜でゲームの攻略にかかるから来てもいい、ゲームの邪魔さえしなければと冷静だった。私はと言えば、二六日の金曜日は予約制のひきこもり専門外来で、たまたまその夜に市内で講演が入っていた。さらに、翌日にはＮＰＯのアミーゴの会で「どのくらいひきこもったら良いのか、休息期間はどれくらいでいいのか」をテーマとした公開討論会や鍋会と、年寄りには過酷なスケジュールが入っていた。ＲＴにとっては私のそのタイトな予定が好都合だったようで、

「すべて同行取材したいと言っている、病院の建物、病院での私の取材、さらには講演の取材許可を取って

欲しい」

との電話越しの彼女の言葉に、

「えー、私が許可をとるの。普通はコーディネーターが正式に取材許可を取りに来るのでは」

と叫びたくなった。

何故私が、と思いつつまた許可を取る羽目になってしまった。私は気が弱いのである。ようやくこの時になって、彼女がひきこもりについて知っているのか心配になって訊くと、

「ひきこもりについて今勉強しています」

と悪気なく答えた。

四日でまともな取材なんて可能なのかと脳裏に不安がよぎったが、

「ロシアのＴＶだからでしょう、四日間しか取材許可が下りませんでした」

と考える余地は与えられなかった。

成田に着き、その日の内に和歌山に入るとのことで、何時に私の時間が取れる、講演会は何時からと質問が続いた。

さすがはＴＶスタッフ、予定した午後四時三〇分少し前に彼らは病院に着き、すぐに撮影が始まった。私のひきこもりの説明、そして、私とメンタルサポーターの一人とのやり取りの取材が終わった。私は昼も食べていなかったので、メンタルサポーターの一人にサンドイッチを買ってきてもらった。彼らはというと、通訳の人が牛丼を買ってきますと出て行った。

「彼らは牛丼が大好きで」

「ロシア人はお好み焼きでなく牛丼か」

などと、変な感心をしながら私が予約したタクシーに乗り込むと、カメラマンが乗り込んできた。そして、講演の九〇分間もずっとカメラを回すと聞かされた。彼らの中ではある程度ストーリーができていたのだと思うのだが、説明がないのでそれは分からない。結局は大まかな流れは決められていたが、その時の思い付きで撮れる限りとるのが方針のようだった。

私はこれまで二回、海外での特別番組制作に参加したことがあるが、それらは取材の流れが綿密に決められていて、ロケハンも派遣された。また、朝日放送『浪花なんでも三枝と枝雀』や関西テレビ『ノックは無用!』、などのバラエティやトーク番組にも出演したが、『三枝と枝雀』の番組では、私と枝雀さんとの話が弾み、台本を無視してとんでもない方向に話が進みスタッフの顔を歪ませた。詳細な台本が作られていて、三枝さんが脚本に沿って忠実に話を進めようとしていたからだ。これとは逆に、今回のRTの番組の作り方は、特別打ち合わせもなく、私の行動予定に同行して四日間カメラを回し続けるというやり方で、どんな番組になるのか不安だった。

講演後、彼らは休む間もなく徹夜でゲームをする一郎を撮影するため、彼の自宅へと向かっていった。

「明日、二時からよろしく」

とだけ私に言い残して。

翌日は、恒例のプチ家出の家での「公開討論会」の日だ。

その日の参加者は普段より少なく二六名ほどだった。ロシアのTV局スタッフのほかに新聞記者三名が特別参加で加わった。そして、いつものように午後二時からの討論会が始まった。

まず、TV取材のことを伝えて顔を映していい人はと訊くと、メンタルサポーターのほかに数名が手を挙げた。とにかく討論を開始した。

討論会

どのくらいひきこもったら良いのか、休息期間はどのくらいでいいのか

A（三九歳）：大学を出て二年間ほど働きそれからひきこもっていました。私の場合、三五歳の時父親が死んだのが、ひきこもりを終わりにしようと思ったきっかけです。このままではいけないと思うようになりました。そして母親に連れられ専門外来を受診しました。ひきこもり生活に特に苦痛を感じませんでした。姉は東京に出ていたし、両親は働いていたので、家でネットサーフィンしたり好きな本を読んだりしていました。父の死後、何とかしなければと思うようになりましたが、何をしていいのか分からなくなりました。一度、ハローワークに行こうとしたのですが足が動きませんでした。ショートケアに来てからも二年間ほど声が出ませんでした。今は普通に働いています。ひきこもっていた期間は特別緊張も感じず、むしろ有意義に過ごせてよかったです。

B（二九歳）：今の生活は快適です。やめられません。

〈どんな生活か少し説明してあげてください〉

B：大学で不登校になっていました。

〈お母さんに毎晩大学に行くように責められて嘆いていたが〉

B：その頃は、よく二、三日家出をしていました。ネットカフェに。今では母親が何も言わなくなって快適な生活です。

〈今、パートで働いているが〉

B：流石に親のすねをかじる限界が見えてきた。かじる骨がなくなったからパートをしている。働きたい

とは思わない。

〈正規の職員にならないかと勧められていたそうだが〉

B：これ以上働く気はありません。家でゲームができるお金さえあれば十分です。兄は働いているし、今のところ家を追い出される心配はないので。

C（三六歳）：僕の場合は、家を出て行けと言われています。高校時代からさぼって、スロットに行っていました。

〈それでも有名な大学に入ったが〉

C：偶然ですよ、勉強は中学までしかしていなかったので。

〈大学生活は〉

C：スロットばかり、特に親しい友達はいなかった。授業にも全く出ていなかった。授業に出ていないのに気づかれ親から仕送りを切られ、それから家に帰りスロットばかりしていた。小遣いはもらっていない。

〈何故、家を出ないといけなくなったの〉

C：兄が結婚して子どもができた。居場所がなくなった。一年間下宿代などの支援をしてやるから働けと言われている。病院に来るようになって、家の手伝いを始め、親がうるさく言わなくなったので、これまでは特に不自由がなかった。これからはダメ、長男の兄が家の跡取りなので、家を出ていけと言われている。

D（四六歳）：四四歳までひきこもっていました。二〇年以上です。最初の数年間は親にいろんなところに相談に行けと言われました。病院、カウンセラーなど。途中で親も諦めました。お金も使わないし。食べて、親のパソコンを使って遊んでいたので特に不自由はなかった。

〈今、障害者枠で働いているが〉

D：親が定年になったころから焦りを感じるようになっていました。先生のところに思い切って一度行ってみようと思っていたのですが、外に出ると周囲の視線が僕に注がれているようで、怠けていると悪口を言われているようで動けなくなりました。父親が入院して、将来の生活が不安で一大決心をして専門外来に来ました。最初は体が震えて、冷や汗が流れ出てきました。先生から短時間でも働ける、支援付きの仕事があると聞いて外来に通うようになりました。それから近くのスーパーに買い物に行く練習もしました。年齢が年齢なのでショートケアには参加していません。なんとか早くお金を稼がないといけないと必死でした。今の仕事、最初は一日三時間でした。仕事を一緒にしているのは数人で、しかもお年寄りばかりなのでやりやすいです。もう少し早く支援付きの仕事があると気づいたらよかったのですが。

ＲＴのおかげで、多くの者が台所に逃げたので討論会は短時間で終わった。カメラが止まると、お腹を空かせていた若者たちは一斉に鍋の準備を開始した。その後、私はひきこもる若者のご家族の相談が一件入っていた。ご家族と研究所にある相談室に入ろうとすると、それを知ったＴＶスタッフがまたしても突入してきた。

「ご家族の許可はとれていません」

と、相談室に入ろうとするのを拒むと、

「一度交渉してみてください、お願いします」

仕方なくご家族にＴＶ取材のことをお話ししてみた。すると予想に反して、母親が取材を快諾してくれた。母親は日頃の憂さ晴らしをするように語ってくださった。さらにその後は、自宅に場所を移し個人インタビューが始まった。一時間ほどインタビューが続き、くたくたになってプチ家出の家に戻ると若者たちは鍋をつつき談笑していた。ＲＴのスタッフに鍋を勧めると喜んで加わった。そして、若者たちの国際交流の場と化した。私と同様、参加していた若者たちもロシアに関する知識に乏しかった。若者たちはロシアの若者たちの生活について質問した。私は疲労で食欲を失っていた。これで終わったと残り物を食べようとすると、

「海が美しいところと聞いていましたが」

と、ディレクターが会話に入ってきた。

すでに日が暮れようとしていた。

「海に着く頃には暗くなりますよ」

との私の言葉にお構いなく、

「お願いします」

と強引だ。

私は薄暗くなった松林の中を若者たちと歩き、夕暮れの海に向かった。後ろポケットに録音マイクが入っているのを忘れ、若者たちに強引な取材をぼやき続けた。どんな時でも、私の大好きな故郷の海は、疲れた心を癒し、エネルギーを与えてくれる。私は暗くなった海原に向かって深呼吸した。若者たちは童心に帰って海に向かって小石を投げ始めた。紅色に染まった西の空がすぐに黒くなった。

結局、翌日の和歌山市での一郎の自宅訪問も約束させられてしまった。彼らは、それから二時間ほどかけ彼の自宅の近くの安ホテルに移動し、徹夜の録画に入ったとのことだった。

彼は勉強部屋の取材のみ許可していた。ご両親に挨拶もいらないと彼は言うが、大人はそういう訳にはいかない。お父さんとは初対面だった。それに彼は小さい頃父親に虐待されたと訴えていたので、どうしても会っておきたかった。ご両親は快く私の訪問を受けてくれた。彼の日頃の言葉がとても信じられない穏やかなお父さんだった。

「話す必要ないから、早く二階の勉強部屋に上がって」

と彼に急かされた。

彼の部屋は小ぎれいに整理整頓されていた。ベッドと机とパソコン。無駄なものはほとんどない。彼といつものように睡眠状態や夢の話から会話を始めた。遅れて入ってきたディレクターがそれを知って慌てて、彼がどんな夢のことを話したかもっと詳しく知りたいと初めて英語で要求してきた。

「母親を殺したい。憎い。僕が殺す前に死んでほしい」

私は外来で患者さんに夢の話をよく聞くのだが、自分の夢もそうだが漠然とした正体不明の夢が多い。しかし、一郎が語る夢はメリハリが利いていて、西欧人が語る夢のようにロジカルで説明しやすかった。話が深刻になってきたので、食欲はないという彼に、

「ラーメン好きか」

と訊くと、好きだとの返事が返ってきた。

「それじゃラーメン食べに行こう」

と誘うと、

「行きますか」

意外とあっさり外出に応じた。

予定とは違う展開にディレクターは慌てたが、

「いつもやっていることです」

といって二人で出かけ始めると、彼らは後を追ってきた。彼の気に入りのラーメン屋で彼は社会批判をぶつけてきた。額に汗を流しながら話が弾んだ。せっかく遠方から取材に来てくれたので、ラーメンは私のお

ごりにした。講演会の夜は牛丼、昨夜は鍋の残り、そして、最後の夜はラーメン。徹夜続きの彼らはきっと日本のラーメンを堪能してくれたことだろう。

その夜もゲームを続ける一郎君の部屋でカメラを回し続け、翌日、京都で取材して成田から帰国した。日本＝和歌山のイメージになったのではと心配した。

一郎が後日外来に来た時、アルバイトが決まったら一人暮らしをしたいと訴えた。彼は親から自立しようともがき始めていた。出発の日が近い。

3 出発

私のところに相談に来るほとんどの若者は、「何もしたいことがない」、「お金もいらない。買いたいものがないから」と言う。ところが、他者がやっていることを見ると、自分もしたくなる。欲が湧いてくる。小説を書いている者、作曲している者、そして、通信制の大学で勉強し始めた者を見て、彼らにできるのなら自分もやれるかも、いや、やってみたいと思い始める。自分の住む空間に他者がいないと欲も湧いてこない。その他者、仲間を作るのが居場所だ。そして、ショートケアやアミーゴの会の居場所から、毎年、二〇名以上が社会に出てゆく。

ゲーム依存からの脱却——ケガの功名

釜中隆行君は一〇年以上ひきこもっていた若者だ。家でゲームをする毎日を送っていた。昼夜逆転していた若者だ。例にもれず母親がＮＰＯに相談にみえ、もう三〇歳半ばになるのに、家でゲームばかりしています、何とかしてほしいと泣きつかれた。母親に訊くとひきこもり始めた頃に精神科を受診したことがあり、定期的にカウンセリングも受けていたという。

いつものように、私たちのメンバーにはゲームオタクはもちろんのこと、ゲームソフトを作っている者がいると話すと、母親は目の色を変えた。

「私はゲームが分からないので、ゲームオタクと話をさせましょう。アミーゴの会は午後二時からだから、昼夜逆転している彼でも出てくることは可能でしょう」

と伝えると、その次の土曜日に、一〇〇kg以上ある巨体を苦しげに支えながら彼は母に連れられて来た。ここ半年で三〇kgは増えたとのことだった。ゲーム依存によくみられる運動不足から生じる肥満だ。幸いその時、ゲームに詳しい若者が二名いた。

「何のゲームをやっているの、ファイティングゲーム、それともＲＰＧ」

私が知る数少ないゲーム用語を口にして、会話の口火を切った。

隆行は、＊＊＊のゲームをやっていますと答えた。私が茫然としていると、

「先生に言っても無理、無理。先生はネットゲームもカードゲームもみんな同じとしか考えられない人だから」

と、サポーターの一人がいつものように助けに入ってきた。そして、私には異星人が語っているとしか思えない会話になった。隆行も額に汗しながら熱弁を振るい出した。これで彼を私たちの仲間に巻き込めると、ほくそ笑んだ。

それから彼は毎週アミーゴの会に参加するようになった。母親の仕事の都合で近くの親戚の家まで母の車

で送ってもらい、そこで時間をつぶし、自転車に乗って午後二時にアミーゴの会に参加し始めたのだ。

「やっと仕事をする気になったのですが」

「これ以上肥ると体が動かなくなるので心配です。母にまず痩せるためにジムに通うように言われていました」

「一番痩せるのは仕事に就くことだけど」

「アルバイトをしたことはあるのですが、きつくて長くは続かなかった」

隆行とこんな会話が続くようになった。

彼のように一〇年近くもひきこもっていると最初から一般枠で仕事をするのは無理だ。そこで短時間の仕事を開始するのが一番いい。さらに支援付きであれば理想的だが地方ではまだ十分に若者の就労支援の環境が整っていない。ところが地方では世話焼きのおじさんやおばさんが存在する、地方での良さがある。

「ここでは仕事をしていない若者が集まっているということですが、私の仕事を手伝ってもらえませんか、昼からでもいいですよ」

といった具合だ。

彼の場合は、二つの幸運が重なった。一つは、たまたまS新聞の販売所の経営者が私の自宅に新聞の勧誘にきた。社長と言っても三〇半ばの青年だった。「ひきこもり研究所」「プチ家出の家」の看板をみつけて、

「何をやっているのですか」

と関心を示し、対応した妻と会話が弾んだ。そして、

「実は私も中学時代は長く不登校だったのです」

と、身の上話を始めた。

「社長、そんなことがあったのですか。考えられません」

付き添っていた五〇歳過ぎの従業員が会話に加わった。彼らが帰る頃には、妻は高校を卒業してから仕事を転々として、現在の仕事に落ち着いたこと、アルバイトをする人を求めていることを聞き出し、さらにはアミーゴの会の定期的な鍋会への参加まで約束させていた。また妻の犠牲者が一人できた。もちろんS新聞をとることはなかったのだが。

こうして、アミーゴの会で隆行がこの社長と出会った。

一か月ほどして彼が、

「新聞配達やってみようかな、体力作りにもなりそうだし」

「やっと決心がついたのか、いいことだ、開始しよう」

と、いつもの私のペースで安易に話を進めてゆくと、営業所までの交通手段が問題となった。自転車で三〇分弱かかるところに彼は住んでいた。私が、

「体力づくりにいいじゃないか」

というと、

「とても無理ですよ、お母さんは仕事があるので送ってもらうのは無理だし」

彼は、母親に仕事場まで送ってもらうつもりだ。

「車は」

「免許はありますが、乗ったことがありません」

こんな話をしてから二週間後、彼は電動付き自転車を一七万円で買ったと顔を綻ばせてやってきた。

「では仕事を開始しよう」

という結論になり、妻がその日の夜に営業所に電話した。するとハローワークの募集を出していたので、すでにアルバイトをする人が決まったとの返事が返ってきた。そういえば最初に話が出て二か月近く経っている。そこでひるまないのが妻の凄さだ。

「一七万もする自転車を買って、ようやく一〇年ぶりに働く気になったのですから、何か仕事ないですか」

中学時代ずっと不登校で彼の気持ちが理解できると力説していた手前か、

「……」しばらく沈黙した後、

「何とか彼に合う仕事を作ります」

という結論になった。

そして、次の土曜日にわざわざ社長さんがアミーゴの会に来てくれて、隆行には容赦なく早速事務所見学となった。経営が苦しいのに仕事を工面してくれたのだ。しかも、最初は人と会うことがない室内作業からと配慮してくれていた。当初と同じ条件で仕事が決まった。もちろんその経緯を彼は知らない。

それですべてがうまく行くはずだったが、そうはいかなかった。彼がその自転車を見せようと、アミーゴの会にやってきた時、溝に前輪を突っ込み転倒してしまった。そして、右膝と右手首の亀裂骨折で入院となった。

翌日、妻が見舞いに病院に行くと、

「申し訳ありません、せっかく仕事を世話してもらったのに」

彼は意気消沈し、ギプスをまかれた痛々しい姿でそう言った。

心配した妻が一週間後に再度様子を見に行くと、額から玉汗を流し巨体を揺らしながら笑顔で、

「若い女性と話をするのは初めてです、同室の人も優しいし」

と、初めて知った他者との会話の喜びを語った。その病院は九州の看護学校の生徒に助成金を出しているので若い看護師さんが多かった。さらに痛々しく見えていた右手のギプスが、ゲームをするのを困難にした。彼は幸運にもネット依存から回復した。

彼はそれまで、家で自己以外では猫としか会話していなかった。病室でも母に頼んでスマホで猫と会話していたが、若い女性との会話の楽しみも知った。これから彼は出発できると思った。怪我の功名だ。

よく成功体験がひきこもる若者に必要だと言われるが、私は逆に失敗体験の必要性をいつも強調する。私は、若者たちが仕事を考え始めて、ある程度の社会性が身に付いたと判断すると、アルバイトから始めさせる。そして、

「まず三回失敗してこい」

と送り出す。

「辞めていいのですか」

と、不思議がる彼らに、

「大学に行けなかった君に、厳しいアルバイトが続くはずがない、続くようだとひきこもっていない」

と、送り出す。

そして、実際三日でアルバイトを辞めてくる者も多い。

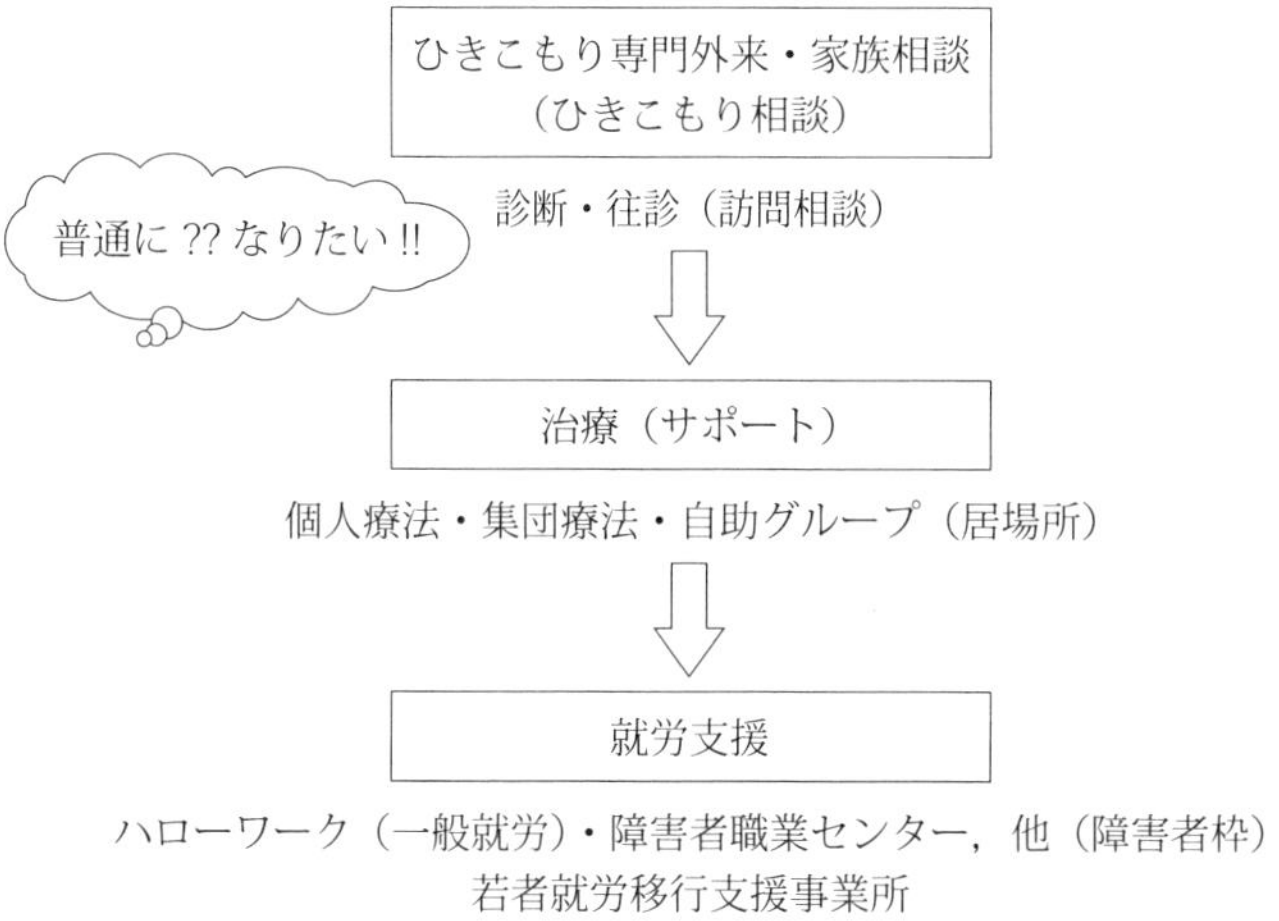

図1　ひきこもりに対する治療的介入

「よく頑張った、次は一か月頑張ろう」

と、いった具合だ。

何年もひきこもり、自分とのみ対話していた者が、すぐに仕事ができるはずはない。隆行の場合もこの方法をとったつもりだったが、彼の能力が買われ社員になってしまった。

彼は後に、

「鉄は熱いうちに打てと言われるが、ここでは熱くならないうちに打たれてしまう」

との名言を残してくれた。

いくら私が無謀でも、誰にでもこういった手段をとるわけではない。彼の場合、恵まれていた。雇い主は特別理解があり、良き相談相手となってくれた。普通は、ショートケアで仲間と会話が可能となり、グループでの付き合いが始まると、若者の就労支援を開始する（図1）。通える手段や時間的な問題さえなければ、ショートケアの先輩が通う、あるいは先輩が職員となっている事業所にお願いすることにしていた。そこで仕事を始めるために必要な知識やパソコンなどの訓練をしてハローワークと連携して仕事への導入をお願いしている。ひきこもり年数が長期にわたっている者は、最初は障害者枠での仕事から入ることもある。隆行の場合、社長さんが忙しい仕事にもかかわらず時間を惜しむことなく緩やかに仕事を教えてくれた。NHKの取材に応じた時の、緊張しながらも堂々と答えていた時の、彼の笑顔が忘れられない。その時は、いつものように、初任給でショートケーキを買うように命じ別れた。ゲーム依存からも自然に回復した。体重が減り、生き生きとした後ろ姿を街中でも見かけるようになった。

彼の活躍がマスコミでも取り上げられた。以下が産経新聞記事の一部を抜粋したものだ。

……年上の先輩が多いが、気さくに会話し、てきぱきと仕事をする釜中さん。だが、実は高校時代から一〇年以上自室に引きこもり、ゲームに明け暮れる日々を送った。「周囲はみんな『敵』だと感じていた」と当時を振り返る。……

釜中さんが母親に会への参加を勧められたのは一昨年の夏。それまで何も言わなかった母親から「私が死んだら、あんた独りになるよ」と言われて初めて、「真剣に心配されているんだ」と気づいたという。昨年三月末、初めて会（アミーゴの会）に参加。長年インターネットでは人とつながっていたが、家の外で実際に他人と話すのは久しぶりだったため、「最初はすごく緊張して疲れた」が、「新鮮で、刺激的でもあった」と振り返る。そこで知り合ったのが現在の勤務先の所長だった。

釜中さんは会に何度か参加するうち、人手不足に困っていた所長さんから「うちで働かへん？」と声をかけられた。交流が深まるにつれ、「この人の頼みを断るわけにはいかない」と、思い切って働くことを決めた。ＮＰＯにとっても、支援対象者を就労につなぐことに結びついた初めての例となった。……釜中さんは勤務開始日の一週間前の五月末、自転車で転倒して右ひざを骨折。入院したがリハビリに励み、昨年八月から勤務を始めた。チラシの折り込みなどの立ち仕事に「最初はヘトヘトだった」が、最近は仕事にも慣れ、プライベートでの外出も増えたという。「昔は外に出たくなかったけど、今では毎日が楽しい。外には楽しいことが多いんだな、と思いました。きっかけがあれば変われる」と笑顔で言い切る。

彼の場合は幸運なケースだ。なかなか就労までの一歩を進めにくい若者も多い。

地域での温かい好意を受けながら、就労への後押しに失敗した苦い経験もある。

地域の理解のある方の協力で、隆行と同じく就職活動した拓司（仮名）がいる。その建設会社の社長さんは日頃から私たちの活動を知ってくれていて、拓司のアルバイトの依頼を快く引き受けてくれた。彼は大学休学中で大学を辞めて働くべきか、他大学を受験してやり直すべきか迷っていた。すでに三年以上ひきこもり生活が続いていた。ご両親の意見もあり外出できるようになったので、とりあえずアルバイトをしながら考えようということになった。社長さんは、そんな条件でも快く受け入れてくれ、もし本格的に会社で働きたく思うようになったら、第二種電気工事士の資格を取るように協力しましょうとまで言ってくれた。それで、母に連れられて彼は面接に向かった。

その結果、社長さんはアルバイトを快く受け入れてくれたが、彼がそれを断わってしまったと、お母さんが報告に来てくれた。

理由を聞くと、社長さんは長いひきこもりを考慮して、少人数の仕事場で最初は負担のないようにと、

「助手のような仕事からやってください」

といったところ、

「嫌です、僕にはできません」

と頑として拒否するので、

「助手としての仕事が負担だったら、助手の人の助手でもいいですよ」

というと、

「できません」と、断ってしまったということだった。社長さんも理由が分からず当惑してしまった。

私もしまったと思った。隆行の時のように、直接、社長さんに彼の情報を伝えることができていなかった。障害者枠での就労支援のように、ジョブコーチが入ることもなく、主治医の意見書を書く機会もなく、社長さんの好意に甘えて進めてしまっていた。

彼は、

「私に助手の助手程度しか仕事ができないと考える会社でなんて働けません」

私が予想した通りの返事が返ってきた。社長さんが口にした「助手の助手からでも」という言葉やその時の雰囲気から、社長さんの彼を思いやる気持ちを読み取れなかったのだ。

あまりの好意の嬉しさに、彼の背景に存在する性格特徴の配慮を怠っていたのだ。専門家として大失敗だ。

この後、アミーゴの仲間とこの問題を話しあった。

「彼には彼なりの考えがあった。社長の価値観の押し付けであり、まず彼の希望や意見を聞くべきであった。彼のプライドを傷つけてしまった」、「僕だったら怒らない。面接で怒ってしまうと採用なんてありえない」、「僕も怒らない、ゆっくり仕事を始められる方がいい」、「彼は仕事の環境に不満があったのだ、給料ではないと思う」、さらには、「送り出す側も配慮が必要、仕事に送り出す人をよく解っていないとダメ」と私への手厳しい意見や「男の面倒臭さや、プライドとか、メンツとか」と、予想していた意見が次々に出た。

そして最後に、長年サポーターをやっていた者が、「彼は相手の気持ちをくみ取れなかった、そんな彼のことを知って支援しないと……」とまとめた。

ひきこもりの回復支援にあたって、「働け」は禁句とよく言われる。毎日毎日、学校に行きなさい、行ってほしい、学校に行かないのならせめてアルバイトでもして欲しいと言われ続けてきたひきこもる者にとって、「働け」はうつ病の人に「頑張れ」と言うことに等しい。この言葉は彼らを追い詰めることになる。

私たちの最終目的がひきこもる者の社会への参加であると言うと、なにがなんでも働くことを迫っているのではないかとよく誤解される。しかし、治療や支援の初期に「働け」などと言うことはない。ただ、本人は普通に学校に行きたい、働きたいと思い、親が長年そう願ってきたことも事実だ。特に親御さんの思いは強い。ひきこもりが長期化し、ひきこもる者が四〇歳に達し、親が高齢化すると、その思いや将来への不安が強くなる。親御さんに私たちのひきこもり支援が社会参加を目的としていること、そこまでの過程を具体的に説明することは不可欠だ。

もちろん社会参加は就労だけではなく、ボランティア活動や芸術活動からスタートすることもある。事実、突然遺伝子スイッチが入り、芸術家としての才能を発揮する者もいる。

ひきこもっている若者は、普通、自信がないのにプライドが高い。自信がないからプライドにしがみついている。彼らが、威張り虚勢を張っているように思えることが多いのは、この自信のなさの裏返しだ。もちろん自信は、成功体験、業績、社会的地位や人間関係によって得られる。長くひきこもっていた彼らには、これらすべてが欠けている。自分に対する自己肯定感が築けていない。多数の人がなんなく成し遂げているように見える「学校に行く」「就職する」「友達・恋人をつくる」などのありふれたことを、自分はできそうにない。しかしそれを認めるのはつらいから、はじめからそれよりも高い目標を目指していると思い込もうとしている。それで、俺は作家になる、「……になる」と、非現実的な目標にしがみついている。彼らは、自信を回復するには、社会的名誉を回復する以外にないと最初は考えがちだ。さらに彼らは難しい大学に挑戦しようとし、難しい資格を取ろうとする。彼らの多くは理想と、「見栄」や「世間体」との見分けがつかなくなっている。

それで自信を育むために、まず身近な現実社会での成功体験を目標とさせる。そのためにはまず仲間との人間関係の構築が不可欠であり、自助グループが効果を発揮する。それから現実検討能力の強化が必要となる。いつか私たちは、自分はそんなに大した人間でないと考えるようになる。残念ながら歳をとり現実が見えてくるのである。若者たちは理想を追いかけることができる。素晴らしいことである。事実、彼らの能力に私たちが気づいていないことも多い。

若者と長く付き合っていると、普段の仕事を軽蔑するような発言とは裏腹に、彼らの働きたいという思いが自然に伝わってくる瞬間がある。その思いをいかにとらえられるかに、出発への後押しができるか否かの成否がかかっている。若者は、働くという言葉を義務と捉えがちだ。働くことは、自分の欲望を達成する手段だと考えればよいのだ。ゲームであったり、音楽であったり、まず自分がやりたいことを達成するための、最低限の小遣い稼ぎと考えるだけでいい。

「それでは、どうしたら私の子どもが何かしたいと思えるようになるのか」と、よくご両親に問い詰められる。アミーゴの会で、仲間がかっこいいパンタロンを買ってきたのを見て、自分の姿をこっそり見つめなおす。また、仲間に彼女ができて、難波に行ってきた話を聞いて、口では「つまらない」と否定しながらも二人で何をしてきたのかを訊ね始める。自分を見つめなおすためには他者の姿、仲間が必要だ。そして、まず社会参加への一歩を進めるために、集団精神療法やアミーゴの会で目標の具体化と現実化を進めてゆく。その後は、仕事自体が彼らを大きく成長させる。

どのように働くか

アミーゴの会で仲間ができて気軽に話せるようになると、彼らは出発を考え始める。ある一人が、「僕はオジン中毒になっていた、これではだめだとやっと分かりました、自分で仕事を探し始めます」と去っていった。アミーゴの会で親、特に母親への依存状態から脱却し、距離を取り始めようとすると、その依存が私へと向かい始めることがよくある。しかし、彼が言うようにオジン中毒にさせると治療の失敗だ。私は、「私は君たちの家族ではない、君たちの親のように愛情を持ってもいないし、君たちを思ってもいない」といつも口癖のように言っている。彼らの親は精一杯子どものために尽くそうとしているし、親の愛情は特別なものだ。私たち支援者はそれにとって代われない。ただ、時にその過剰な愛情や思いやりが出発を妨げる。それで、私たちが一時的に彼らの依存対象となるだけだ。寂しいが、彼らの背中を強く後押しして出発させなければいけない時がくる。

ショートケアやアミーゴの会で一休みして彼らは出発してゆくのだが、私のところに来る若者の場合、半数以上は何らかの形で進学し、専門職を目指そうとする。大学や高校を休学、退学している者は、ある程度目的ができると別の大学、高校、専門学校に歩みを進めることが多い。最近、退学していても再受験することなく復学を認める学校が多くなったが、復学や再入学する者は意外と少ない。特にひきこもり年数が長くなると、授業料の安い通信制の学校への進学を考える。そして、二、三か月に一度であったりするが、彼らは可能な限りショートケアやアミーゴの会に参加しながら学校を卒業し、仕事に就いてゆく。残りの半数近くは、直接仕事に就いてゆく。大別すると、就労支援の事業所を経由する者と直接就職活動を仲間と開始する者に分かれる。就労の形には一般枠と障害者枠があるが、全体では七割がた一般枠で就職してゆく。最近になって、ハローワークに障害者枠専門職員が置かれ、また、障害者枠を希望する者を対象とした国家公務員障害者選考試験も開始された。まだまだ少ないが、今後、気軽に一度障害者枠で仕事に就き、自信がついたら二、三年後に一般枠に変わる働き方が定着してほしいと思っている。

討論会

一〇年後の就労の形は変わるのか、労働力の確保は？

二〇一九年八月二〇日のアミーゴの会で、「一〇年後の就労の形は変わるのか、労働力の確保は？」をテーマに彼らが就労の変化をどう感じているのかを訊いたことがある。その時に次のような意見が出た。

まず、Aが、「一〇年後も適当に大学に入って、漠然と働き始め、それが一生涯続く。終身雇用制は日本では一〇年後も変わらない、ただWワーク自体は増えている」と口火を切ると、普段は大人しいBが、「いや一〇年後は実力主義になっている」ときっぱり言って皆を驚かせた。するとCも、「シャープもつぶれた、大きな会社でもつぶれたりする、終身雇用はあってないような時代になる、東京一極集中型の仕事ではなくなる。地方に移住する人が多くなる。そうしたら通勤も楽になる。それに、できる人だけが就職できるようになる」と続け、さらに、別の二人が「テレワークは間違いなく増加する」と将来働き方が大きく変わることを主張した。

それに対して、Bが、「人口は減るばかりで、従来の製造業や商業には限界が来る。人手不足に対して新たな技術の導入が始まるが、どこまでか疑問だ。例えば、山間部でドローンの利用も広がるがある程度までだと思うし、ホテルでのロボットの利用も受付程度の仕事で精一杯で、やはり人手不足の解消にはならない」と主張した。するとそれに反論して、Cが、「今でも経理とか事務仕事はAIがやっている。それで、僕はこれまで簿記の資格を取ろうと思っていたがやめた。手術とかバスの運転手とかは仕事がなくなる」と言い出した。Dも、「AIの進化は思った以上に速い。近い将来、AIに仕事を奪われる」と付け加えた。「製造関係はAIがやって、営業は人がやる時代が来る。〈ここに来ている人は、営業が苦手な人が多いのだが？〉対人関係が苦手な僕たちにとって、さらに厳しい環境になると思います」。AIと外国人労働者が若者の仕事を奪ってゆく、と深刻な意見を述べる一方で、スイスのようにAIで稼いだ金を、公共サービスや健康のために使ってゆく国もあるがと考え込む。

すると、Eが、「将来、大企業でテレワークが取り上げられてゆく。中小企業でテレワークが広がるかどうかは疑問だ。中小企業が設備を整えるのはきついと思う。足腰が弱い。今でもFAXが活躍している。これから労働の中心となる世代は確実に変わってゆく」と語り、さらにFは、「三か月前からアルバイトを始めたが、学校の常識と社会の常識が違うことが分かった。社会は厳しい。人口が減少する。少子化の問題が続く。それで、就労の形態は変わってゆくと思う。外国人労働者は増える。選挙権が問題だと思う。日本のことがよく分からない彼らに選挙権を与えてよいのか問題だと思う」と続き、一八歳の時に声優になろうとしていたGは、「変えたいと思うけど、根本的には変わらないと思う。僕は、自分の仕組みで自分の働き方を造ってゆく」と述べた。

とにかく、長くひきこもっていた若者たちも、働きたくないと口癖のように呟きながらも、私のような老人以上にAIや外国人労働者に対する危機感が強く、今後の就労の変化に対してかなり深刻かつ具体的に考えていることが分かった。

ここでも話題になったテレワークは、今年（二〇二〇年）二月の新型コロナウイルス流行時に注目を集めた。ウイルス感染者と接触し、感染が拡大する危険を最小限にとどめる目的での活用だ。私は、通勤費用や時間の節約や少子高齢化への対応など、企業の利益追求からテレワークは拡大するものと誤解していた。最近になってようやく、若者が近未来の新たな就労の在り方を追求するのに不可欠なツールと考えるようになった。ＮＰＯでも企業と提携して、テレワーク事業を導入することを検討している。若者たちは、話の中で相手の顔を見ないで自分の意見を率直に伝えることが可能となるメリットを主張しているが、仕事時間への切り替えの難しさやリアルな人間関係の希薄さ等のデメリットをクリアする対策が求められる。

専門外来の治療だけでひきこもり状態から回復する者もいる。すると彼らは、主に家族の意向を反映してだが、すぐに就労支援を希望することが多い。しかし、私は、少し回り道になるがショートケアやアミーゴの会での仲間作りを勧める。何故なら八年間の実践で、仲間作りに参加したものたちの方が、仕事を継続し、定着させやすいとの結果が出たからだ。

ショートケアやアミーゴの会で仲間ができ、会話を楽しむようになり、そして、数人の仲間と遊びや買い物に出かけるようになると社会参加を考えるようになる。ショートケアに参加しながら、大学や専門学校への進学や復学を考える者も多い。また、大学を中退した者は、それまでにとった単位を生かして通信制大学に進む者が多くなった。

私たちのショートケアに参加する者の多くは二〇代後半だ。彼らが今の日本で「普通」に就職することはかなり困難だ。仕事経験がなく、履歴書で空白期間の長い彼らを、社会はそう簡単に受け入れてくれない。

彼らもそのことはよく分かっていて、ひきこもり専門外来を初めて受診した時に、もし外に出ていけるようになっても、この歳でやれる仕事なんてないと言う。それで、ショートケアの先輩たちが、仕事に入っていった過程を具体的に説明することから開始する。

私は仕事を希望する者には緩やかな支援付き就労からのスタートを勧めることが多い。数年以上ひきこもっていて、外出が可能となっても厳しい社会での就労は容易なことではない。それで、回り道になるが若者の就労移行支援事業所の利用や、これまで述べてきたようにアルバイトでの失敗体験を積み重ねさせる。

この若者の就労移行支援事業所は二年間利用できる。無料だ。この期間を利用して、通信制の大学や専門学校で国家資格を取る者が多くなった。

次に、失敗体験の勧めだ。ひきこもりから立ち直るには成功体験が必要とよく言われる。彼らはこれまで失敗の連続で自信をなくし、劣等感が強く、自己評価が低い若者が多いからだ。すでに述べたように、私は逆に失敗体験をしろと若者に言う。失敗体験が彼らを強くし、大きくすると確信しているからだ。もちろんそのためにはさまざまな配慮が必要だ。

日本社会は彼らのような三〇歳前後の若者を簡単には受け入れてくれない。中高年になるとさらに深刻だ。本来、四〇歳は人生の分岐点であり、悔いのない人生を終えるための後半のスタートであるはずだ。米国の大学では、社会人入学生の平均年齢は四〇歳だ。この年齢での人生の再スタートは、決して遅すぎるということはない。ただ、それまで仕事や学業で失敗経験を重ね、長く悪戦苦闘してきた中高年のひきこもり者（私にとっては若者だが）が、その経験を活かし出発するには、保護的環境での就労が必要だ。残念だがその受け皿が日本ではまだ十分ではない。

私のところでは約六割は、コミュニケーションやソーシャルスキルを身に着けながら専門資格を取って医療、福祉、ＩＴ関係などの専門家として働き始める。ＰＳＷやＳＷを始め教師、心理士、そして、今年は一名医師になった。残りの四割近くは就労移行支援事業所を利用する。その内の約半数は一般枠で、残りの半数は障害者枠で仕事に就く。二〇一八年、指導する立場にある官公庁が、障害者枠での雇用人数を水増ししていたことが分かり大きく新聞で取り上げられた。その後、ハローワークで障害者枠を専門とする職員が充実し、さらに障害者枠での公務員試験も開始した。ただ、ひきこもり者の就労支援開始当初から抱えていた課題だが、私の言う緩やかな就労から開始することはより困難となってきた。当然とはいえ、一般就労と障害者枠の就労がより厳格に区別されてきたからだ。グレイゾーンがなくなってきた。一方、ひきこもり者の中には、長年のひきこもりの結果からさまざまな精神的な障害を抱えている者も多い。障害者手帳をとってまず障害者枠での支援付き就労をし、数年後に一般枠に移行することへの理解も進んできた。しかし、まだ障害者枠で就労することへの抵抗が本人はもちろん家族にも強いことも事実だ。

地域の理解

ひきこもりの相談や自助グループの活動は順調に進んだが、ＮＰＯの活動においても大学時代と同質の問題に悩まされるようになる。すでに述べたように「ひきこもり」は、家庭内暴力が問題化するに従い、次第にネガティブなイメージでとらえられるようになった。それで、プチ家出の家でのアミーゴの会に集う若者に対してもともすれば冷たい視線を感じることがあり、フリーの討論会や鍋会への地域の参加者も限られた人になりがちだった。そこでネガティブなイメージを払拭する目的で、私の趣味もあって「マヤ文明を語る夕べ」を開催することにした。生き生きと動き回り、堂々と会話をする彼らの姿を地域の方に見てもらいたかったからだ。そして、大学時代と同じく国際ボランティア活動を表に出すようにした。

しかし、この試みも簡単にはうまくいかなかった。プチ家出の家で「マヤ文明を語る夕べ」を実施すると、やはりいつもの仲間が中心の集まりとなった。さらに一工夫が必要と喫茶店を借り切って、次のような試みを行った。

以下が、その時の私が用意したアナウンスの内容だ。

アミーゴの会「特別バージョン」と「第三回マヤ文明を語る夕べ」のお知らせ

Ⅰ．アミーゴの会、特別バージョン

【テーマ】「我々にとってのボランティア活動」です。

これまでひきこもり経験がある多くの若者たちが、紀南を襲った水害時やグアテマラの内戦被害者の教育支援などに活躍してくれました。暑い日に、熱いカレーを食べながら、ボランティア活動の意味を語り合いたいと思います。

【日　時】九月七日（土曜日）、ＰＭ二：〇〇～五：〇〇

今回はいつもと違って第一土曜日の開催ですので注意してください。

【場　所】プチ家出の家　in美浜

和歌山県日高郡美浜町和田一一三一‐一

【参加費】無料。飲み物は各自持参ください。

Ⅱ．第三回マヤ文明を語る夕べ

フェアトレードとエコツアー開始記念として、場所を移動してＰＭ六：〇〇から、御坊市のボナペティヤナギヤでの実

施です。これまで一緒にメキシコやグアテマラを訪問した仲間たちや、マヤ文明やグアテマラとの交流に興味のある多くの方の参加をお待ちしています。

・・・・・・・・・・・・・・・・・・・・・・・

マヤ文明は現在のメキシコ南部から栄えた高度な文明でした。密林に華麗な文明の花を咲かせた古典期マヤ文明は、その一〇世紀の崩壊原因すら謎とされ、今なお研究者の興味を引き続けています。美浜町在住の宮西照夫医師（NPO法人ヴィダ・リブレ代表）は長年マヤ文明を研究し、その成果を数々の著書にまとめています。第三回目になる今回は、著書の発売記念も兼ねて場所をボナペティヤナギヤに移し、盛大にマヤ文明を語ります。また、この度グアテマラ支援のためのフェアトレードとエコツアー開始のご案内も合わせてさせていただきながら、グアテマラの魅力もご紹介させていただきます。加えて最後には地元の音楽グループ「ア、かげろう」の演奏とともにご参加のみなさまと大いに歌い、そして踊ろうではありませんか。

主催者より

プログラム
一八：〇〇　石橋玄（NPO法人ヴィダ・リブレ理事）「グアテマラの魅力を大いに語る」
一八：三〇　宮西照夫「マヤ文明の謎を大いに語る」
一九：三〇　ア、かげろう　彼らの演奏をバックにみなさんも大いに盛り上がる
二〇：〇〇　大いに終了する予定

・・・・・・・・・・・・・・・・・・・・・・・・・・・・・・

この結果、予想を大きく上回り六〇名以上が参加してくれた。狭い会場にいかに座ってもらうか、大騒ぎをした。

参加者の年齢や職種が大幅に広がった。私は講演の初めにボランティア活動でのひきこもり経験者の活動

を話した。二〇一一年八月の紀南半島大水害で限界集落が孤立したその翌日に、一二名の仲間が駆け付けて洪水で押しつぶされた家屋の整理や、水田に流された電気製品の引き上げなどに汗水を流して頑張った。その日の活動が終わって、谷川の水で体の泥を流し、差し入れのおにぎりを頬張り、そのあまりの美味しさに思わず声を上げ、仲間と顔を見合わせた光景が、今でも鮮明に記憶に残っている。流されずに残った民家の軒先に腰を下ろし休憩していると、八〇歳を越えた区長さんが大粒の涙を流しながら感謝の言葉を述べに来て、彼らも目頭をこすっていたこと。そして、私たちがグアテマラに建てた内戦被害者の支援学校で、ローソクの灯りの下、彼らが運んだノートや鉛筆で嬉々として勉強する子どもたちの笑顔に、彼らがどれほどこころを動かされたかを話した。参加者の方に、私たちが、何故ボランティア活動をするのかを理解してもらえたことと思う。感謝される体験が彼らを大きく成長させる。

コラム

孤独

私の元に集まるひきこもり経験者には猫と犬が好きな者が多い。それで、猫派と犬派に分かれて何回か討論したこともあった。また、猫や犬と話せる者はいるかと問うと何人かが手を挙げる。

この話をしている中で、小学生の頃だったか本で読んだスプートニクのライカ犬のことを思い出し彼らに訊いてみたことがあった。人工衛星の狭い空間で自由を奪われ、片道切符で打ち上げられたライカ犬を彼らがどう思うのかを訊いてみたかったからだ。

スプートニクは一九五〇年代後半に旧ソ連によって地球を回る軌道上に打ち上げられた、人類初の無人人工衛星だ。この二号にライカ犬が乗せられた。スプートニク二号は大気圏再突入が不可能な設計だったため、一九五八年四月一四日、大気圏再突入の際に破壊した。このライカ犬の運命がどうなったのか、幼い頃の私の心をとらえたことがあった。自分の運命を知らず、孤独な旅を続けた巻き毛の雌犬ライカと、自分を重ねて「孤独に」に浸った当時の若者は多かったと思う。

そこで、このライカ犬が「小さな窓から地球を眺め発した一言」をテーマに話し合ったことがあった。

この一週間、家で筋トレとゲームばかりして過ごしていたAの、「犬は何も感じない、ただ、飼い主の次の指示は何だろうとだけ考えていたにすぎない」との言葉を皮切りに、最近、障害者枠での短時間就労に就いたBは、「重力に耐え切れずに『ワン』と鳴いただろう」、そして、何もしないで海外ドラマ『グリム』だけ見て過ごしたというCは、「見たことのないものが見えたと首をかしげていただろう」と続いた。数年ぶりに家を出て京都駅まで行くことができたというDは、「長く狭いところに乗せられて、なんて空気が悪いと溜息交じりの言葉を発したはずだ、鼻や耳が敏感なので、そして、空気が重いとも言ったかもしれない」と話した。父親に会うことを避け、初めての京都のアパートで何もせずひたすら部屋にこもっていたEは、「不安でキョロキョロしながら、ここは、どこだろう」と、そして、就労体験に初めて参加したFは、「何処へ連れていかれるのだろうと呟いた」と答えた。ショートケア以外の日は就労支援の事業所に通っていて、最近はエクセルの勉強をしているGは、「その頃の人工衛星には窓がなかったと思うので、何も見えない不安でいっぱいだったと思う、実験にされているといった感覚がなく、えらいところに来たとも解っていなかった、ただ犬の気持ちになれば『早く帰りたい』と叫んだと思う」、Hは、『自分が初めて宇宙に出ていけたのだ』と喜びの声を挙げた」と話した。Iは、「思考停止の状態になった」、そして、母の車で初めて作業所を見学に行け、その場の空気の重さに打ちのめされそうになったというJは、「飼い主め！　裏切りやがってと恨みの声を挙げる」と言った。時々フラッと旅に出るKは、「ご飯がいつ食べられるのかとか、寝ることしか考えないだろう」と、好きな作曲をし、美味しいものを食べて部屋から一歩も出なかったというLは、「犬は犬、ただワンと言っただけだ」と期待と違った答えを返してきた。週に二回バイトを始めて、仕事を覚えるのに苦労をしているMは、「助けて！　と叫んだ」と、仕事が決まり来週から三年ぶりに働くNは、普段は冗談一つ言わないのに「犬だけに『ワンダフル』」と、そして、猫が大好きで六年以上ひきこもっている時は、猫とばかり話していたが障害者枠で働き始める予定のOは、「人間と同じように感じるから、『地球は青かった』と感動して言った」と語った。

その後、「ライカと自分が人工衛星に乗せられて、パン五個だけになってしまったら」というテーマに変わっていったが、仏教の本ばかり読んで毎日を過ごしていたのに、最近はキリスト教に転向したというPは、「キリストの教えではすべてのパンを猫にあげると教えると思うのですが、パン一個だけ猫にあげ、残りは自分が食べる」と言い出したので、キリスト教に詳しいものから、「カトリックの教義ではそんなときに猫にパンを与えてはいけない、最後まで人間は生きる努力をしなければいけない、人間の尊厳を守らなければいけない」との意見が出た。Qは「猫にパンを全部与える、〈そんなことできる〉、……肥らせて、それから猫を食べる」と言い出して参加者を驚かせた。

皮肉屋のRだと、「先生が求めるのは『人間って孤独な生き物だ』との答えですね」、と言い出すだろうと思いながら仲間の顔を眺めた。平均六年こもっていた若者、一人ひとり、違った考えがあるし、違った生き方がある。Rも他大学に編入して専門職に就いて今はいない。ここにいる仲間たちももうすぐ出発する。その時、もう一人の皮肉屋のサポーター、Sの言葉が浮かんできた。「先生が勝手に進路を決め、進めようと決めてかかったら、全員、逆らってまるっきり違った方向に進んでゆきますね」と、笑顔を浮かべて言った言葉が。このSも私が正規の専門職を探してきても応じず、非正規で自分に都合のいい時間だけ働いて好きなゲームを続けている。

NPOの理事が消えた

私たちのNPOの理事一二名は、ほとんどがひきこもり経験者だ。しかも、精神科医、臨床心理士、看護師、PSW、SW、教員などの資格を取得しており、これから社会に出ようとしている若者たちだ。

二〇一九年四月から、NPOヴィダ・リブレは、御坊、美浜、由良、日高川、印南の五市町とそれぞれ個別に契約し、補助金を受けてひきこもりに悩む本人や家族からの相談や、毎週土曜日に他のひきこもり状態の人や、自身もひきこもりの経験があるメンタルサポーターらと交流できるアミーゴの会を中心に社会参加を支援してきた。

しかし、これまでNPOを利用するには各役場への申請が必要で、プライバシーが完全には守られないため、利用を希望しながら二の足を踏む人が少なくなかった。二〇二〇年度から、国と日高地方の六市町の補助を得て、紀中ひきこもり者サポートセンター事業を委託されることとなった。現在の相談業務とひきこもり状態から抜け出しつつある人たちの自助グループ・アミーゴの会を充実させ、さらに利用者は、補助に上限がある現在の利用料が無料となるほか、私たちの判断で役場に申請することなく相談や、アミーゴの会への参加が可能になる。

さらに、ひきこもり経験がある二名のスタッフを常駐、さらに心理学科を卒業した一名を非常勤で勤務させて、現在、毎週土曜のみのアミーゴの会を週五日に拡充することが可能となった。そして、これまでと同様に、土曜日は精神保健福祉士や社会福祉士、臨床心理士のほか、英語の教員資格取得者やコンピュータプログラムの専門家といった、多様なメンタルサポーターが週替わりで自助グループや集団精神療法を指導する体制が整った。

このことは、いくつものマスコミでも取り上げられた。私は、「ヴィダ・リブレの強みは、なんといってもスタッフのほぼ全員がひきこもり経験者であるということ。ひきこもり状態にある人は、親や学校の先生にはなかなか心を開いてくれませんが、同じ境遇を経験したメンタルサポーターには自分と同じ「ひきこもり臭」のようなものを感じ取り、趣味の話などを通じて少しずつ外に出ようという気持ちを強くしていきます。四月からはプライバシーが完全に守られる形で利用できます。ひきこもりに苦しんでおられる本人、ご家族は気軽にご相談ください」とコメントした。

ＮＰＯの理事たちはひきこもり経験者が多く、さまざまな資格ももっている。私はそのことをＮＰＯの売り文句にしてきた。しかし、この本を書き上げる頃には、彼らのほとんどが社会に出て専門職に就き、活躍し始めている恐れが出てきた。「ＮＰＯから理事が消えてしまう！」今の私は頭を抱えこんな嬉しい悲鳴を上げている。

だが、新しい人材もどんどん育っている。大手商社と提携してテレワーク事業を開始する計画も進んでいる。ＮＰＯは、今、新たな出発の時を迎えようとしている。

（注12）和歌山大学で二〇〇七年に修学から就労まで四年間一貫した支援を目指す大学でのキャンパス・デイケアを開始した。キャンパス・デイケアは、これまでの精神科医や臨床心理士による個人療法に終始することなく、看護師や精神保健福祉士が加わって行う大学内での「精神科デイケア」である。米国では、一九八〇年代初期からボストン大学精神科リハビリセンターが精神障害者の高等教育支援プログラムを実践し、その後、一九九一年にカリフォルニアにある四カレッジが精神障害を持つ学生にキャンパスでの支援を開始していた。しかし、当時の日本の大学では、精神障害者が教育を受ける際の支援は、保健管理センター、あるいは健康センターでの精神科医や臨床

心理士による精神療法が中心で、キャンパス内で提供するデイケアは少なかった。キャンパス・デイケアは、大学での修学の失敗や断念による心の傷を緩和し障害の克服を促進する試みだった。

おわりに

私が通勤で用いる御坊駅の線路わきに桜の木が並んでいる。例年四月の初めはほぼ満開だが、今年の花は寂しい。昨年の台風による塩害被害によるものだ。桜の木々の先に田畑が横長に広がっている。田には雑草が茂り、畑には黄色の菜の花が色鮮やかに咲き誇っている。さらにその先は亀山城がそびえる小高い山で、山麓に古くからの重い瓦屋根の家屋と、比較的新しいスレート瓦の屋根の家屋が入り混じっている。

新元号に変わり、東京オリンピックの準備、コロナウイルスによる肺炎の流行と、常に世間は騒がしいが私には何の変化もない。この駅から大学、そして、病院に何十年通ったことか。それが終わる日も近づいている。

今回の原稿もほとんど通勤電車の中で書きなぐり、あとで整理したものだ。私は電車の中でインスピレーションがわく。私にとってすべてを忘れ没入できる唯一の時間だ。何か深いところにつながるように感じる。分析学流に言えば自我が自己につながるときなのだろうか。

私は機会があるたびに世界的に有名な女呪術師マリア・サビナとの出会いについて書いた。一九八二年のメキシコでの彼女との出会いが、私のその後を大きく変えたからだ。ジョン・レノンやミック・ジャガーなどもこのサビナのもとを訪れている。サビナは、「知者の本」の教えに従い神と対話し、病を治すことを私に教えた。それで、その本を見せてほしいと頼んだところ、「知者の本はお前には見えない」、と言われた。私は木の皮アマテに書かれた知者の本があると、その時信じていたからだ。サビナは、「神聖なキノコを食べ神に祈ると、頭上からきらきらと輝く白い文字が舞い降りてくる、その文字が教えるままに神に祈り病を治す」と教えた。私はこのとき異質な文化の存在を知った。

これ以後、常に意識したのは、本で得た出来合いの知識ではなく、自分で体得した知識だけが意味を持つことを心に銘じ活動することだ。これはひきこもり者の就労体験にも当てはまることだ。

ひきこもる若者たちは、私たちの世代とは異質な社会、文化を背景に成長してきた。彼らと歩みを共にしながら学んだことは、多様な生き方があるということだ。ひきこもって最低限の欲望を欲し生きるのも、物欲まみれに生きるのも、「善」「悪」、そして、「正しい」、「正しくない」ではない。精一杯、自分がよしとする生き方を貫けるかどうかだと教わった気がする。

郷里紀中の浜辺で、海を眺めながら。

二〇二〇年三月

宮西照夫

謝　辞

大学、病院、そして、NPOでひきこもり支援活動をまとめようとしていた時、第二作目『実践　ひきこもり回復支援プログラム』の編集でお世話になった岩崎学術出版社（当時）の小寺美都子氏の顔が浮かんだ。その時、私の頭にあったのは、精神科医としてのひきこもり支援活動の歩みを一冊の本としてまとめる構想であった。それを知って遠見書房の社長山内俊介氏を紹介して下さった。幸運にも本書の出版を快諾していただき、担当者として駒形大介氏を紹介して下さった。

当初は個人史的に気軽に書いた原稿であったため、本書をまとめるにあたり駒形氏には随分とご苦労をおかけした。細やかに細部にわたり多くの意見をいただき、あやふやな私の考えを再考するきっかけとなった。そして、本書が完成した。

この三氏のように、長年にわたりひきこもり支援を行う途上で、様々な分野の方との素晴らしい出会いがあった。それが私の一番の宝だと考えて感謝の意を表したい。

文　献

第一章

江口重幸、酒井明夫、下地明友、宮西照夫編著（二〇〇一）文化精神医学序説―病い・物語・民族誌．金剛出版．

Lee,S. & Choi, Y.（二〇一〇）Home Visiting Program for Detecting,Evaluating and Treating Socially Withdrawn Youth in Korea. 朝日・大学パートナーズシンポジウム報告書．和歌山大学、二八 - 四六頁．

宮西照夫（一九七六）精神病への態度調査結果．第三次メキシコ医学踏査隊報告書．和歌山県立医科大学メキシコ医学踏査隊．

宮西照夫（二〇〇〇）中米文化圏の中にみる癒しの力．精神療法（特集 異文化のなかの精神療法）、第二六巻五号．

宮西照夫（二〇一〇）Studies on school absence students at Wakayama University. 朝日・大学パートナーズシンポジウム報告書．和歌山大学．

宮田登（一九七八）日本の民俗学．講談社．

内閣府（二〇一九）生活状況に関する調査（平成三〇年度）．

中村和彦、大西将史、内山敏ほか（二〇一三）おとなのＡＤＨＤの疫学調査．精神科治療学、二八巻、一五五頁．

波平恵美子（一九八四）ケガレの構造．青土社．

桜井徳太郎（一九六九）宗教と民俗学．岩崎美術社．

Shin, Y. & Cho, S.（一九九五）Development of the Korean Form of the Family Environment Scale. Journal of Korean Neuro-psychiaty Association. 三四、二八〇‐九〇．

第二章

宮西照夫（二〇〇五）社会的ひきこもりの社会への再参加時における説明．精神科臨床サービス、第五巻四号、五〇五 - 五〇八頁．

宮西照夫（二〇〇七）Study on apathy and social withdrawal students (HIKIKOMORI) at Wakayama University. 第一九回世界社会精神医学会議抄録集．

宮西照夫（二〇一四）和歌山大学におけるメンタルサポートシステム．精神医学、五六巻 五号、三九一‐三九七頁．

Miyanishi, T.（二〇一九）Effect of a Systematic Support Program Onapathy and Social Withdrawal Students at Wakayama University, Changing World. World Congress of Social Psychiatry.

内閣府（二〇一〇）若者の意識に関する調査（ひきこもりに関する実態調査）．

内閣府（二〇一六）若者の生活に関する調査．

内閣府（二〇一九）生活状況に関する調査（平成三〇年度）．

第三章
国立大学等保健管理施設協議会監修（二〇一一）新版 学生と健康―若者のためのヘルスリテラシー．南江堂．

宮西照夫、池田温子、畑山悦子ほか（二〇〇二）和歌山大学におけるひきこもり回復支援プロジェクトとその効果．第二六回全国大学メンタルヘルス研究会報告書、三、一三三‐一三四頁．

宮西照夫（二〇一一）ひきこもりと大学生―和歌山大学ひきこもり回復支援プログラムの実践．学苑社．

宮西照夫（二〇一二）社会的ひきこもりを多文化的視点から考える．日本社会精神医学会雑誌、第二一巻 第三号、三〇〇頁．

宮西照夫（二〇一四）大学生のひきこもり回復支援プログラム．医学のあゆみ、二五〇巻 四号、二六九‐二七三頁．

宮西照夫（二〇一四）実践 ひきこもり回復支援プログラム―アウトリーチ型支援と集団精神療法．岩崎学術出版社．

宮西照夫（二〇一四）和歌山大学におけるメンタルサポートシステム．精神医学、五六巻 五号．

第四章
村澤和多里監修、杉本賢治編（二〇一五）ひきこもる心のケア―ひきこもり経験者が聞く10のインタビュー．世界思想社．

第五章
産経新聞（二〇二〇）引きこもりの若者に交流の家．（一月二〇日朝刊）

著者紹介
宮西照夫（みやにし てるお）
1948 年和歌山県生まれ。
1973 年和歌山県立医科大学卒業。精神医学専攻。博士（医学）。
和歌山大学保健管理センター所長・教授，評議員を経て名誉教授。現在，NPO ヴィダ・リブレ理事長，和歌山県立医科大学非常勤講師。
1982 年に和歌山大学でスチューデント・アパシーや社会的ひきこもりの研究を開始，2002 年にひきこもり回復支援プログラムを完成し実践を続けている。2012 年から 2020 年まで紀の川病院でひきこもり専門外来やショートケアを実施。
主な著書に，『マヤ人の精神世界への旅』（単著・大阪書籍），『ひきこもりと大学生―和歌山大学ひきこもり回復支援プログラムの実践』（単著・学苑社），『実践 ひきこもり回復支援プログラム―アウトリーチ型支援と集団精神療法』（単著・岩崎学術出版社），『一精神科医の異文化圏漂流記―マヤ篇』（単著・文芸社），『文化精神医学序説―病い・物語・民族誌』（編著・金剛出版），他。

ひきこもり、自由《じゆう》に生《い》きる
社会的成熟を育む仲間作りと支援

2020 年 12 月 10 日　初版発行

著　者　宮西照夫《みやにしてるお》
発行人　山内俊介
発行所　遠見書房

遠見書房
〒 181-0002　東京都三鷹市牟礼 6-24-12
三鷹ナショナルコート 004 号
TEL 0422-26-6711　FAX 050-3488-3894
tomi@tomishobo.com　https://tomishobo.com
遠見書房の書店　https://tomishobo.stores.jp/

印刷　太平印刷社・製本　井上製本所

ISBN978-4-86616-115-0　C3011